HEYNE TIERKREIS-BÜCHER

Widder 21.3.–20.4.

Stier 21.4.–20.5.

Löwe 23.7.–22.8.

Jungfrau 23.8.–22.9.

Schütze 22.11.–20.12.

Steinbock 21.12.–19.1.

Zwillinge 21.5.–21.6.

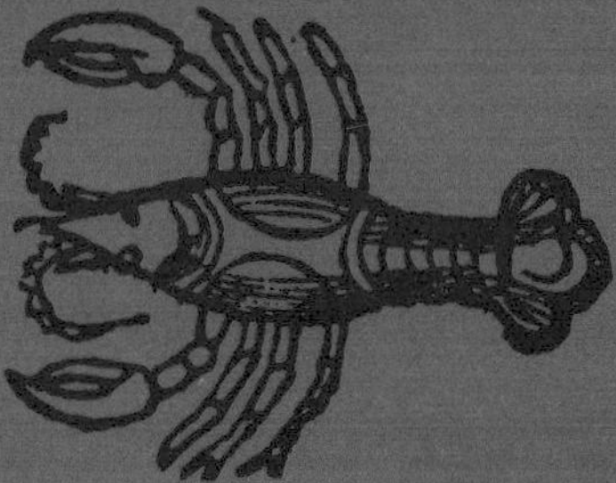

Krebs 22.6.–22.7.

Waage 23.9.–22.10.

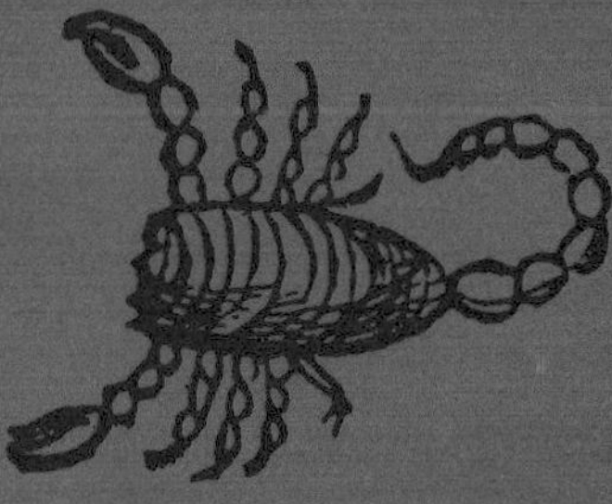

Skorpion 23.10.–21.11.

Wassermann 20.1.–18.2.

Fische 19.2.–20.3.

Der sogenannte Tierkreis von Dendera, altägyptisches Tierkreis-Rundgemälde im Detail

HEYNE TIERKREIS-BÜCHER

JUNGFRAU

24. AUGUST BIS 23. SEPTEMBER

WOLFGANG DÖBEREINER

Wilhelm Heyne Verlag
München

14. Auflage
1. Auflage dieser Ausgabe. Dieser Band ist bisher erschienen unter der Nr. 14/9
Bildredaktion: Günter Pössiger

Bildnachweis: Bayerische Staatsbibliothek, München (6 Photos), Kestner Museum (Astrolab), Hannover (3 Photos), Staatliches Museum für Völkerkunde, München (1 Photo), Süddeutscher Bilderdienst, München (10 Photos)
Anekdoten entnommen aus dem »Witze-, Fabeln-, Anekdoten-Handbuch«, erschienen im Verlag Moderne Industrie, München
Printed in Germany 1990
Umschlaggestaltung: Atelier Adolf Bachmann, Reischach
Umschlagillustration: Christine Wilhelm, München
Gesamtherstellung: Friedrich Pustet, Regensburg
ISBN: 3-453-04737-0

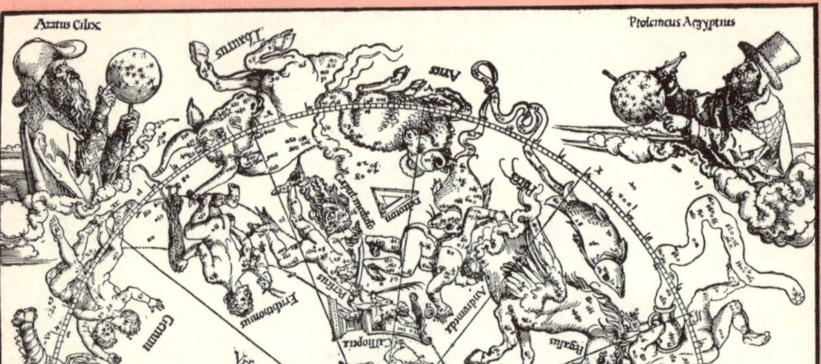

Die nördliche Himmelskugel, Holzschnitt von Albrecht Dürer

Inhaltsverzeichnis

TRASKIA
CORVS
FAVONIVS
AFRICVS
LIBONOTVS
EVROPA
AFRICA
Libya interior
Aethiopia interior
Cir culus
Cir culus
Cir cu lus
Caspi um
Media
Syria
Cilicia
Arabia felix
Si nus Per
Sinus Arabi cus
pontus euxinus
Ma re me diter rane um

SEPTENTRIO
AQVILO
Reuerendiss.
domino et illustriss.
Principi Dño Mattheo. S
Angeli Diacono Cardinali
Gurcen: Sa. Caes. Mtis per
Italiã locũtenenti generali
ac dño suo colen. Joañ Sta.
bius Au. hãc orb imagi.
nem dedicat
CAECIAS
ASIA
SVBSOLANVS
Indicum Mare
VVLTVRNVS
EVROAVSTER
1.5.1.5.
AVSTER

Die südliche Himmelskugel, Holzschnitt von Albrecht Dürer

◀ *Weltkarte mit Himmelskräften, westliche und östliche Hälfte im Detail, Holzschnitt von Albrecht Dürer*

Vorwort

Der Unterhaltungswert der Astrologie ist unbestritten. Damit sich der Umgang mit Astrologie jedoch nicht nur auf Unterhaltung beschränkt, wird hier gleichzeitig versucht, einen Einblick in die Astrologie zu vermitteln und Hinweise auf typische Verhaltensweisen zu geben. Man kann sich selbst auf diese Weise besser verstehen und die Eigenarten der Mitmenschen tiefer begreifen lernen. Das ist nicht nur eine wichtige Voraussetzung für echte Toleranz, sondern aktiviert auch die allgemeine Persönlichkeitsbildung.

Die Grundlage für die Methodik und Aussage des vorliegenden Buches bildet die »Münchner Rhythmenlehre«, die grundsätzlich zwischen Anlage und Verhalten unterscheidet. Und zwar kennzeichnet die Geburts*stunde* die Anlagen. Darunter sind die Triebe und Talente zu verstehen, die als Möglichkeiten vorhanden, aber nur teilweise genutzt sind. Diesen Tierkreisort, den die Geburtsstunde anzeigt, nennt man Aszendent. Dagegen kennzeichnet der Geburts*tag* das Verhalten, also die Art und Weise der individuellen Lebensführung und Lebensauffassung. Dieses Verhalten hat die Aufgabe, möglichst alles, was an Anlagen und Trieben vorhanden ist, lebendig werden zu lassen und zur Wirkung zu bringen. Es ist der Stand der Sonne am Geburtstag, der sich in den Verhaltensweisen zeigt und auswirkt.

Also:

Geburtsstunde (Aszendent)	=	Anlagen
Geburtstag (Sonne)	=	Verhaltensweisen

Vielleicht haben Sie es schon gemerkt, daß es falsch ist, zu sagen, »ich bin eine Jungfrau«, wenn man zwischen dem 23. 8. und dem 22. 9. geboren ist. Es muß richtiger heißen: »Ich lebe wie eine Jungfrau, ich verhalte mich wie eine Jungfrau.« Was man wirklich ist, zeigt sich durch die Geburtsstunde am Aszendenten. Hat man hier etwa das Zeichen Löwe, so hat man eine Löwe-Anlage, die man auf die Art der Jungfrau auslebt. Diese wesentliche Unterscheidung zeigt, daß wir hier nur über die Verhaltensweisen der Jungfrau und nicht über die Anlagen sprechen.

Wenn wir hier ›nur‹ von den Verhaltensweisen sprechen, so ist

Unterricht in der Sternkunst, Holzschnitt aus dem Augsburger »Lucidarius« von 1479

das selbstverständlich eine Untertreibung, denn dem Verhalten kommt eine große Bedeutung zu. Das Verhalten hat die Vermittler- bzw. Aussteuerungsrolle zwischen dem Ich in der Anlage und der äußeren Erlebniswelt zu übernehmen. Es soll die innere Anlage zum äußeren Ereignis werden lassen, die Talente wecken und in der Außenwelt zur Entfaltung bringen. Da nach Ansicht der Astrologie die ganze Welt über die gleichen Struktur-Bausteine verfügt, die nur jeweils anders zusammengesetzt sind, heißt das mit anderen Worten: Das Verhalten soll das innere ABC mit dem entsprechenden äußeren ABC verbinden.

Gelingt dem Verhalten diese Aufgabe vollständig, so hat es die schlummernde Anlage erlöst. Dieser Vorgang ist mit dem Mythos des Märchens vergleichbar. Im Märchen ist man in eine bestimmte Erleidens- oder Erlebensform hineinverzaubert oder verwunschen – etwa als Zwerg Nase. Das symbolisiert die Anlagen mit dem Trieb zur Verwirklichung oder Erlösung. Und dann muß man diese oder jene (bisweilen unangenehme) Aufgabe erfüllen, um erlöst zu werden. Das symbolisiert den Verhaltensweg. Am Schluß ist man jedenfalls von der Verzauberung befreit

Neuere Fassung eines altindianischen Sonnenzeichens

und lebt das, was man wirklich ist. Der ›häßliche‹ Frosch wird zum ›schönen‹ Prinzen.

Das Hauptproblem besteht darin, daß die bewußten Verhaltensweisen vielfach nicht der Anlage entsprechen. Ist beispielsweise das Verhalten übervorsichtig, ängstlich oder egoistisch und hauptsächlich auf Sicherheit oder Prestige bedacht, dann bleibt ein Teil der Anlagen unerlöst. Auch wenn das bewußte Verhalten zu starr geworden ist und die Vernunft jede Lebendigkeit blokkiert, ist das Problem der Rückstände gegeben. Der Prinz oder die Prinzessin ist dann nur halb erlöst. Astrologisch zeigen sich diese Vorgänge viel detaillierter, nämlich bezogen auf die individuellen

Hebräische Tierkreisdarstellung

Anlagen (Aszendent) im jeweiligen Verhältnis zu den Verhaltensweisen (Sonnenstand-Geburtstag). Aber bleiben wir einmal bei einem allgemeinen Beispiel, bei einer Verhaltenssperre aus ängstlichem Sicherheitsbedürfnis. Hier kommen die Anlagen Verausgabung, Risiko, die ja zu jedem vollständigen Anlagebild gehören, ohne Zweifel zu kurz. Diese Anlagen, nennen wir sie einmal ›A‹, bleiben unverwirklicht. Nun hat ›A‹ einen Zeitplan, nach dem es sich wie im Märchen verwirklichen möchte. Nach diesem Zeitplan wird der Drang von ›A‹ immer stärker. Nachdem aber die bewußte Steuerung, das regulierende bewußte Verhalten, hier versagt, wendet sich ›A‹ an die zweite regulierende Instanz, an das Unterbewußtsein.

Neptun wird geholt. Er soll die bewußte Verhaltenslinie aufweichen, porös machen. Die ersten Symptome dieses Stadiums sind: nachlassendes Gedächtnis, Konzentrationsmangel, unerklärliche Unausgewogenheit der Gefühlslage. Das sind deutliche Anzeichen dafür, daß im persönlichen Haushalt etwas nicht stimmt, daß man sich ausgären lassen und besinnen soll.

Wenn das nichts hilft, dann wendet das Unterbewußtsein stärkere Mittel an. Es drängt die Person durch einen unterbewußten Ereignis-Wunsch in ein ›A‹ entsprechendes äußeres Ereignis, das geeignet ist, das bewußte Verhalten von außen aufzubrechen und in Frage zu stellen. Dabei sucht sich die Person instinktiv den richtigen Weg, Ort und Zeitpunkt. Manche fahren 500 Kilometer Umweg, um sich ihr Ereignis, ihre Krise zu holen.

Deshalb ist jedes tiefergreifende Ereignis, jede Krise immer ein Hinweis, der zum Nachdenken und zu Korrekturen anregen soll. Das Schicksal ist nie zufällig oder böse, sondern immer das Ergebnis des individuellen Verhältnisses zwischen Anlagen und Verhaltensweisen.

Man kann sich vieles ersparen, erstens 500 Kilometer Umweg, zweitens Infragestellungen von außen, die ja meist schmerzlich empfunden werden, wenn man sich mit seinen Anlagen und Verhaltensweisen beschäftigt und auch das Verhalten anderer mit dieser Grundeinstellung beurteilt.

Dieses Tierkreisbuch versucht, in anregend unterhaltsamer Form zuverlässig darzustellen, wie die Jungfrau lebt.

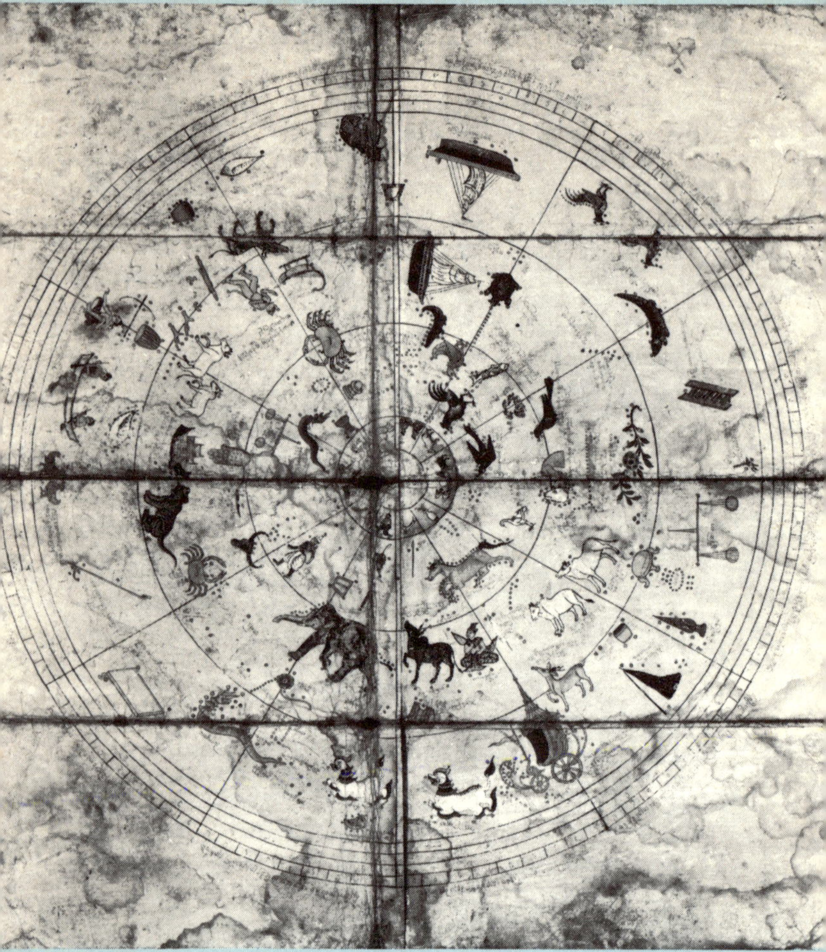

Altburmesische Tierkreisdarstellung

Einführung in das Tierkreiszeichen Jungfrau

Die Jungfrau, karolingische Tierkreiszeichendarstellung

Grundlage der Astrologie ist die Vorstellung, daß jeder Entwicklung, gleich welchem Lebensbereich sie angehört, neben der funktionellen Ebene auch eine inhaltliche Bedeutung zukommt. Jedes Stadium der Entwicklung, sei es das Wachstum einer Pflanze, die seelische Entfaltung eines Menschen oder der jahreszeitliche Kreislauf der Natur, entwirft ein Bild, dem die Astrologie gewissermaßen den Sinngehalt entzieht, der sich dann in den zwölf Tierkreiszeichen als ein Sinnbild des Lebenskreises widerspiegelt.

So benennt die Astrologie zum Beispiel das Stadium eines jeglichen Beginns wie die Geburt eines Menschen, die Schöpfung des Lebens, ja selbst den Anfang eines einfachen Vorgangs, mit dem Tierkreiszeichen Widder. Es ist dies der geschichtslose

Beginn einer Wirklichkeit mit seinem Prinzip der Energie und Durchsetzung, der in diesem Sinnbild des Zeichens Widder eingefangen ist. Und ganz ähnlich wie auch in der Natur die Reihenfolge einzelner Entwicklungsstadien festgelegt ist, folgt auch im Tierkreis ein Zeichen dem anderen, löst es ab, bis der vollständige Tierkreis in seiner Geschlossenheit eine analoge Harmonie des Lebenskreises spiegelt.

Das Jungfrau-Sigel

So versinnbildlicht jedes Zeichen ein Stadium der Entwicklung und gibt es in verwandelter Bedeutung an das nachfolgende weiter. Es ist ein Aneinanderfügen einzelner Wesensbestandteile, von denen zwar ein jedes alle vorhergehenden beherbergt, sie jedoch selbst nicht mehr ausdrückt.

Wenn die Sonne am 23. August in das Tierkreiszeichen Jungfrau wandert, hat sie schon fünf Stationen des Tierkeises hinter sich gelassen. Die vorangegangene Zeit ist zwar somit ein Bestandteil der Jungfrau, sie gehört jedoch nicht mehr zu ihrer spezifischen Phänomenologie. Vielmehr zählt sie zu ihren vergessenen Erfahrungen. So ist das Verhaltensmuster der Jungfrau als Reaktion auf die Inhalte zu verstehen, die in ihr selbst nicht mehr bewußt sind.

Der Tierkreis beginnt, wie jede Entwicklung, damit, sich räumlich zurechtzufinden und einzuordnen – eigenen Raum zu beanspruchen. So ist das Feuerzeichen Widder das Symbol für diese erste räumliche Durchsetzung. Und wenn in der Astrologie das Bild der Erde für die Bewältigung des Lebens steht, ist es folgerichtig, daß das erste Erdzeichen Stier die räumliche Bewältigung und Abgrenzung übernimmt – die Energie des Widder auffängt, stabilisiert und konserviert. Ist dann mit dem Zwilling der Raum ausgeschöpft, sind die äußersten strukturell zur Verfügung ste-

Zwei törichte Jungfrauen, Skulpturen am Straßburger Dom

henden Grenzen erreicht, beginnt auf der Schwelle zum Krebs die Krise der äußeren Entwicklung. Aus der Gewohnheit der Bewegung auf sich selbst zurückgeworfen, in die Selbstbesinnung gedrängt, beginnt die innere Auseinandersetzung mit sich und der Umwelt. Es konstituiert sich der Spannungszustand Seele, der Drang nach innerer Übereinkunft, der Antrieb, sich mitzuteilen, auszudrücken, aus sich heraus zu handeln.

Hier liegen die eigentlichen Quellen für das Verhalten der Jungfrau. Denn wenn dann der Tierkreis das emotionelle Handeln, die Tat in das Feuerzeichen Löwe legt, so ist es wiederum ein Erdzeichen, die Jungfrau, das nachfolgend die seelische Expansion des Löwen auffängt, gegen die Lebensbedingungen aussteuert und somit lebensfähig macht, sie bewältigt. Hier findet die Jungfrau auch ihre urrudimentären Zusammenhänge, die Quellen ihres Verhaltens.

Die Tierkreiszeichen sind sozusagen Speicher für Anlagen aus verschiedenen entwicklungsgeschichtlichen Herkünften. Es finden sich hierin ebenso die Räuber und Revierverletzer, die, wenn auch modifiziert, im Verhalten der Feuerzeichen auftauchen, wie die Beutetiere und Revierhalter, zu denen die Erdzeichen gehören. Erdzeichen sind Steinbock, Stier und Jungfrau. Während im Stier der räumliche Revierhalter zu erkennen ist, wird in der Jungfrau der Reviersicherer, der Warner deutlich. Es ist das bewußte Wahrnehmen und Aufnehmen der Umwelt und die innere Einstellung darauf – zur Sicherung des Lebens.

Im Tierkreis sind alle Urrudimente wie in einem Organismus vereinigt, sich gegenseitig ausgleichend und regulierend. So ist die Jungfrau die Antwort auf den ungebändigten Lebenstrieb des Löwen. Ihre Aufgabe im Tierkreis ist es, Emotionen, den Lebenswillen und den Lebens- wie Erlebnisdrang mit allen seinen Wünschen seelisch gegen die Umwelt und die Existenzbedingungen auszusteuern, um anzugleichen oder auch anzupassen. Ihr obliegt die Aufgabe, die Lebensfähigkeit zu erhalten, die feinnervige Balance zwischen Eigenwillen und den gegebenen Bedingungen und Möglichkeiten herzustellen; das Wollen dem Können anzugleichen.

Ein jeder trägt die Wesensbestandteile, die Struktur der Tierkreisordnung, wenn auch in verschiedener Schwerpunktverteilung, in sich. Immer dann, wenn der Lebenstrieb Bedingungen wahrnehmen und akzeptieren muß, ist es der Jungfrau-Anteil,

Eine törichte Jungfrau, Glasfenster der Kathedrale von Troyes/Frankreich (13. Jahrhundert) im Detail

der diese Aussteuerung übernimmt. Es ist das Maß an Anpassung, an Vernunft, das über den Jungfrau-Anteil im Lebensverhältnis des Einzelnen aussagt.

Die Vernunft, aus dem Mittel- und Althochdeutschen für vernehmen, erfassen, wahrnehmen, ist das Kennzeichen der Jungfrau. Wird dies sinngemäß in bewußtes Wahrnehmen erweitert, so wird deutlich, woher das Jungfrau-Verhalten seine Eigenschaften bezieht. Ist es im Löwen das emotionelle Verhalten, so ist es in der Jungfrau das aus dem Bewußtsein gesteuerte Verhalten, das zur Grundlage der Erlebnisform wird. Die seelische Einstellung und Angleichung an Bedingungen erfordert die Bewußtheit über sich und die Umwelt. Löwe und Jungfrau zusammen symbolisieren im Tierkreis das, was man an sich das Verhalten nennt. Vom Löwen kommt der ungezügelte Antrieb, während die Jungfrau dem Verhalten die lebensnotwendige Begrenzung gibt, die Verhaltenheit. Sie setzt als das zweite Erdzeichen die seelischen Grenzen, um das Eigenleben gegenüber der Umwelt lebensfähig zu erhalten, um es ihr gegenüber auszusteuern. Deshalb sind der Jungfrau die Umwelt und deren Bedingungen niemals gleichgültig. Die Beobachtung der Umwelt, das Aufspüren und Aufsammeln ihrer Wertigkeiten ist die erste Voraussetzung für das Sicherheitsgefühl. Eine Jungfrau zu überraschen, ist deshalb so gut wie unmöglich, denn sie ist auf alles eingestellt, sie rechnet mit allem, besonders mit den Gefährdungen des Lebens. Sie horcht und hört in die Umwelt; ihre Sinne gleichen einem Radargerät. Und weil sie sich in ihrem Handeln auf das Echo einstellt, verbreitet sie Sicherheitsgefühl, die Ruhe der Besonnenheit. Sie selbst ist dabei innerlich meist unruhig, ihren Kontroll- und Reaktionsmechanismen ausgeliefert. Sie registriert wie ein seismographisch empfindsamer Aufnahme- und Verarbeitungsapparat Merkmale und Bedingungen, diagnostiziert sie, um sich behende darauf einzustellen. Alle ihre Anlagen zielen auf die Erhaltung des Lebens.

Wenn man beim Stier mehr von der Realität ausgehen kann, so sind es bei der Jungfrau die Wirklichkeiten und Möglichkeiten, die Potenz, die sie aufgreift, die sie beunruhigen. Sie muß sie um

◀ *Die Jungfrau und das Einhorn, französischer Gobelin aus dem 15. Jahrhundert*

ihres Sicherheitsgefühls willen aus der Anonymität herausreißen, koordinieren, beschreibbar und damit gegenwärtig faßbar, überschaubar und berechenbar machen. Dementsprechend ist sie auch mit der besonderen Fähigkeit ausgerüstet, Wirklichkeiten aufzuspüren, Eigenarten und Inhalte zu artikulieren, in Lebensnähe zu bringen, zu erden.

Diese Befähigung ist im Verhalten der Jungfrau so übermächtig, daß es sie ständig nach Aufgaben drängt, um sie einzusetzen – um im Element ihrer Anlagen leben und damit das volle Lebensgefühl spüren zu können. Sie muß immer wieder Aufgaben, Potenzen, Eigenarten suchen, Ströme durch sich hindurchlassen, um in die Aussteuerungsbalance zu kommen. Sie wird sich bewußt und erhält sich im Gleichgewicht, indem sie andere oder die Umwelt artikuliert. So ist es nicht zufällig, daß sich im Zeichen Jungfrau im weitesten Sinne überdurchschnittlich viele Diagnostiker finden. Es sind dies im besonderen Ärzte, Psychoanalytiker, Meinungsforscher, Tester und nicht zuletzt Schriftsteller. Die Jungfrau ist im Tierkreis das Schriftstellerzeichen schlechthin. Es ist die Artikulierung von Inhalten und die Beschreibung deren Anpassung. Es ist weniger der Ausdruck, der hervorgebracht wird, als vielmehr der Ausdruck, der beschrieben wird.

Der Jungfrau selbst bleibt als Folge ihrer Verhaltensart eine Standortunruhe, ein Spannungszustand zwischen äußerer Besonnenheit des Handelns und ständiger innerer Aufmerksamkeit. Es ist eine hellhörige Wachsamkeit, ein unterschwelliges Auf-dem-Sprung-sein.

Der Drang, Unsicherheitskoeffizienten aus dem Leben zu beseitigen und Unberechenbares berechenbar zu machen, stärkt im Denken das Grüblerische bis hin zum Mystizismus. Und weil es immer wieder Unberechenbares gibt, das nicht auszumachen ist, kann es bisweilen zu einem tiefsitzenden Vertrauensschwund gegen das Schicksal und die Umwelt kommen. Die oft mißverstandenen Originale und Eigenbrötler sind vielfach Jungfrau-Geborene.

Die Auseinandersetzung mit dem Schicksal aber beherrscht das Denken der Jungfrau in jedem Fall. Der Erzähler Heimito von Doderer hat das in seiner schriftstellerischen Zielsetzung stellvertretend für die Jungfrau deutlich gemacht. Für ihn muß der Schriftsteller in erster Linie Schicksalsdeuter, Fatologe sein.

Klosterruine Eldena, Zeichnung von Caspar David Friedrich

Das Jungfrau-Bild

Die Bilder sind, fast kulissenartig, in perspektivische Schichten wie in die Schichten der Bewußtheit aufgeteilt, wobei die Figuren in dem dunkel gehaltenen Bildvordergrund bewegungslos wie erstarrt verharren, dem hell ausgeleuchteten Bildhintergrund zugewandt, wie ausgeliefert an das Geschehen in seiner bewußten Erfassung. Geschildert werden Erlebnisvorgänge an ihren Umständen, also ›Die Ernte‹ oder ›Das Bad‹, also nicht die Landschaft, sondern ›Das Naturerlebnis‹. Die Linienführung ist ökonomisch, abgrenzend, verbindet die Dinge zueinander in angemessener Ausgewogenheit, die Farben, durch die Linienführung in klaren Grenzen gehalten, bewegen sich in der gedämpften Grundtönung — alles das wirkt wie die angehaltene Luft, wie mitten in der Bewegung erstarrt, der Augenblick wie eingefroren.

Baumformen und Büsche der Jungfrau

Malt oder zeichnet ein Jungfrau-Geborener einen Baum oder Busch, dann sind die Formen meistens zierlich, feingliedrig ausgeführt. Die Wurzelverläufe werden nicht vergessen. Verläufe von Ästen werden erkennbar. Die Blätter sind im einzelnen angedeutet oder bisweilen auch detailliert ausgeführt.

Die freie Assoziation der Jungfrau

Die Aufforderung: »Nennen Sie mir schnell und spontan 5 Dinge«, beantwortet die Jungfrau in etwa so, wie es die nachstehende typische Reihenfolge zeigt.

1. Schallplatte
2. Liebe
3. Bild
4. Vorhang
5. Telephon

Die Begriffe sind nahe bezogen, sie erfassen einen überschaubaren Erlebnisbereich. Man kann die Reihe durchaus als Begleitgegenstände einer Situation verstehen, so, wie etwa das Auge die Merkmale des umliegenden Bereichs registriert.

Ähnlich wie beim Zwilling ist die sachliche und distanzierte Aufzählung, verschieden ist, daß die Begriffe einen Bereich abstecken, Bezugspunkte benennen, und nicht wie beim Zwilling mit Buddha und Stern weit gestreut sind.

Es wirkt nach außen die Kühle der Verhaltenheit. Es ist weder wie beim Widder eine Herausforderung, noch wie beim Krebs eine inhaltliche Auseinandersetzung spürbar.

Jungfrau-Analogie

Der Rationalismus

GRAU/GRAPHIT 6 DIE VERNUNFT

a) die Bewußtheit
die Analyse
die Untersuchung
die Beurteilung
die Einteilung
die Scheidung (v. Stoffen)

b) der Filter
das Netz
die Klärung
die Aussonderung
die Ausscheidung
die Absonderung

c) die Klarheit
die Reinheit
die Destillation
die Hygiene

d) die Verarbeitung
die Verdauung
die Verwertung
die Nutzung

e) die Steuerung
die Angleichung
die Anpassung
die Übertragung
die Verteilung
der Abfluß
die Erdung

f) die Präzision
die Sorgfalt
die Prägnanz
die Genauigkeit

das Punktuelle
die Grammatik
die Artikulation

g) das Kalkül
das Rationelle
das Ökonomische

h) die Umsicht
die Vorsorge
der Überblick

i) die Verhaltenheit
der Gehalt
das Gefäß
der Behälter

j) die Angemessenheit
das Verhältnis
die Kontrolle

k) die Mäßigung
die Schonung
die Dämpfung

l) der Vorhang
der Zaun
die Bedeckung
die Decke

m) der Geruchssinn
das Gehör
die Wahrnehmung
die Beobachtung
die Witterung

n) die Linse
die Optik
das Mikroskop

o) das Karo
das Karierte
das Gemusterte

p) der Kiesel
die Kristallisation

q) das Getreide
der Kümmel
das Korn
die Hirse
die Linsen
der Salat

r) die Distel
der Feigenbaum
die Ulme
das Sandelholz

s) die domestizierten Tiere

t) homöopathische Mittel:
Echinacea
Silicea
Cimicifuga

Jungfrau-Prinzip: die Steuerung

Das Prinzip der Jungfrau ist die seelische Steuerung. Im vorangegangenen Prinzip des Löwen hat sich der unmittelbare Antrieb, aus sich heraus zu leben, Bahn gebrochen. Der Akt des Handelns, spontan, ungezügelt und ungeflirtet, verlangt nach erhaltender Begrenzung. Es kommt zur gegenläufigen Bewegung, zur bewußten Steuerung des Lebenstriebs.

Die Bedingungen und Bedingtheiten des Raumes werden untersucht, faßbar, überschaubar gemacht, und die Emotionen wie das Eigenleben dagegen ausgesteuert und daran angepaßt. Der spontane Lebenswille erhält die Begrenzung des bewußten Verhaltens, der ausgemessenen Balance zwischen Eigenart und Möglichkeit der Existenz.

Die Angleichung, Aussteuerung oder Anpassung des Eigenwillens an gegebene Bedingungen ist die Vernunft, eine Hilfsfunktion des Seelischen – um die Lebensfähigkeit zu garantieren.

Im Gegensatz zum Widder- oder Löwe-Kind überwiegt bei der Jungfrau schon im Spiel das überlegte Handeln gegenüber dem Impuls. Das Jungfrau-Kind zerlegt nicht wie der Zwilling Gegenstände, sondern bevorzugt Kompositions- und Zuordnungsspiele, bei denen Gegenstände oder Begriffe in eine angemessene Beziehung zueinander gesetzt werden.

Die bewußte Übersicht

Ein Mensch, der in den Urwald oder in irgendein unzivilisiertes Gebiet verschlagen wird, braucht alle die Eigenschaften, die eine Jungfrau von Natur aus besitzt. Denn für die Jungfrau ist die Umwelt immer eine Art Wildnis. Um zu überleben, bedarf es zuerst einer nüchternen, sachlichen Einstellung. Hinzu kommen scharfe Beobachtung, kritische Einschätzung und eine ständige Bereitschaft, sich auf wechselnde Bedingungen einzustellen. Spekulation oder gar gläubiges Vertrauen wäre da lebensgefährlich. Zudem muß man ökonomisch, ein Meister im Nutzen von Existenzbedingungen sein. Das Wichtigste aber ist ein umsichtiges,

Jungfrau Maria im Ährenkleid, Gemälde von Henrik Fünhof

überlegtes Handeln, um durch emotionelle Impulse und Risiken nicht gefährdet zu werden.

Obwohl sich dies alles im Verhalten der Jungfrau im Übermaß zeigt, wird sie wohl selbst am wenigsten in die Situation kommen, sich im wirklichen Dschungel zu verirren – eben gerade wegen ihrer Eigenschaften. Sie liebt keine waghalsigen Unternehmungen. Abenteuerliche Spekulationen verfolgt sie als interessierter Zuschauer. Niemandsland, gerade auch im übertragenen Sinne, schafft ihr größtes Unbehagen. Sie löst, entsprechend dem Instrumentarium ihres Verhaltens, das Leben erklärend. Zu ihrem Sicherheitsgefühl braucht sie Merkmale, Faßbares. Ohne diese Anhaltspunkte ist sie ihrer vollen inneren Unsicherheit ausgeliefert. Mit allen Fasern horcht sie dann in die Umwelt, faßt sie ins Auge, um Koordinierungspunkte zu finden. In der Jungfrau zeigt der Tierkreis das eine Gesicht der Angst. Es ist die Angst, das Leben nicht zu bewältigen, vom Leben bedroht zu sein. Ein Motiv, das in modifizierten Formen immer wieder in den Lebensäußerungen durchschimmert. »Die Nacht schuf tausend Ungeheuer«, heißt es bei Goethe, und der lichte Tag wird immer wieder gegen die dunkle Nacht gesetzt. Das Nicht-Durchdringbare, Nicht-Faßbare schwillt zur spukhaften Dämonie an, wie etwa in Goethes »Erlkönig« oder in den Zeichnungen des Jungfrau-Aszendenten Alfred Kubin. Sein Thema, die Bedrohung des Menschen aus dem Unberechenbaren, ist ein Versuch der Bewältigung. Es ist sicher kein Zufall, daß die grundsätzlichen psychologischen Traktate über die Angst aus der Feder einer Jungfrau stammen.

Das andere Gesicht der Angst zeigt sich im Zeichen Stier. Es ist im Gegensatz zur Jungfrau die Angst um die reale Existenz in allen ihren Formen, die Angst, den Anschluß an die Gruppe zu verlieren, von der Herde getrennt und damit seiner Existenzmöglichkeit beraubt zu werden. Mit dem Titel »Draußen vor der Tür« drückt dies der Stier-Dramatiker Wolfgang Borchert deutlich aus.

Dementsprechend entwickelt sich im Stier zum Schutz ein starker Depottrieb sowie der Drang, die sozialen Gewebe um sich zu verdichten und zu verfestigen. In der Jungfrau dagegen stärkt sich der Trieb zur Beobachtung, zur Wahrnehmung und Faßbarmachung der Umwelt. Es gehört zu den scheinbaren Zufällen, daß diese urrudimentären Triebkräfte in den einzelnen Zeichen immer wieder zum Durchbruch kommen. So zum Beispiel der Depot- und Sammeltrieb des Stiers im ›Brockhaus‹ oder in ›Meyers‹ Lexika und der Beobachtungstrieb, die Optik, der Jungfrau bei Carl Zeiss oder Foucault.

Vielleicht noch aus den Urerinnerungen des Beutetiers ist das Sicherheitsgefühl der Jungfrau auf Beobachtung und Wahrnehmung der Umwelt ausgerichtet. Die Jungfrau will sich der Umwelt vergewissern. Sie will ausleuchten, erhellen, überschaubar machen. Nicht nur die Grundhaltung, nicht nur die Verhaltenseigenschaften sind danach ausgerichtet, die Natur hat auch ihre Sinnesorgane in besonderer Weise dafür ausgestattet. Die meisten Jungfrauen verfügen über eine überdurchschnittliche Geruchsempfindlichkeit. In verrauchten oder überfüllten Lokalen erleiden sie oft Qualen, von denen andere nichts ahnen. Auch die anderen Sinnesorgane, das Sehen und Hören, sind nicht minder ausgeprägt. Allerdings ist es weniger die Seh- oder Hörschärfe, als vielmehr die Reaktion, das Aufnehmen von Umweltreizen. Eine Jungfrau hört alles, sieht alles und riecht alles. Auch im übertragenen Sinn hat sie eine gute Nase. Sie hat eine Witterung für Instabiles, einen Instinkt für Entwicklungen. Es sind die kleinen Merkmale, die scheinbar unwichtigen Anzeichen, die sie beunruhigen, die bei ihr Alarm auslösen, bevor ihr Bewußtsein diese Sachverhalte voll aufgenommen hat. Dazu kommt das Mißtrauen gegen alles Unklare, nicht unmittelbar Erfaßbare.

Die Jungfrau weiß immer, woher eine Bedrohung kommen kann. Und wenn sie ein Haar in der Suppe findet, sollte man auf sie hören. Sie ist im Lebensrevier des Menschen der Warner. Hat sie aber einmal Witterung aufgenommen, so geht sie den Dingen auf den Grund – systematisch, methodisch, zweckmäßig. Die Jungfrau ist der Analytiker, der Diagnostiker, der ›Entlarver‹ im Tierkreis. Inhalte, Ausdrucksvorgänge oder auch einfache Lebensvorgänge sachgerecht wie mit Messer und Gabel zu zerlegen, ist ihre Spezialität. Die Übersicht, die Überschaubarkeit ihres Lebensreviers ist ihr Motiv. Sie will wissen, womit sie zu rechnen hat, ihr urrudimentär gesteuertes Sicherheitsgefühl verlangt dies. Jede unausgeleuchtete Ecke des Lebens kann ein Gefahrenherd sein. Deshalb drängt die Jungfrau auf bewußte Erfassung des Lebens. Sie ordnet die Merkmale und Charakteristika sorgfältig und genau, auch dort, wo es sich um einen für andere belanglosen Niederschlag des Lebens handelt. Eine Jungfrau weiß,

Tierkreiszeichen der Jungfrau mit der Ähre, Illustration zu einer alten lateinischen Handschrift

wo jedes Komma zu stehen hat, und die genaue Interpunktion ist ihr nicht lästig, sondern wirkt geradezu therapeutisch beruhigend. Die Welt der Begriffe ist ihr Handwerkszeug, sie weiß, auf welcher Ebene auch immer, geschickt und präzise damit umzugehen. Nicht die äußere Ordnung ist ihr Ziel, sondern die Ordnung der Inhalte, der Charakteristika.

Bisweilen erfaßt die Jungfrau ein geradezu fanatischer Aufdekkungsdrang. Es handelt sich dabei meistens um Zeiten, in denen sich die Jungfrau selbst unsicher fühlt. Geschwister und Eltern von Jungfrauen wissen, daß sie dann nicht davor zurückschreckt, ihre Freunde oder Verwandten selbst vor Dritten bloßzustellen. Und weil dies meistens treffsicher, sachlich und bisweilen distan-

Die fünf klugen und die fünf törichten Jungfrauen, Skulpturen vom Magdeburger Dom um 1250

ziert erfolgt, ist die Wirkung um so größer. Die Zeichen eines Lustgewinns seitens der Jungfrau sind dann nicht zu leugnen. Aber wenn es auch so aussieht, als würde sie bei anderen Unsicherheit erzeugen, um die eigene Unsicherheit damit zu kompensieren, handelt es sich doch wohl eher um die Flucht in das eigene Sicherheitsverhalten.

Die Umwelt erhellen, das heißt für die Jungfrau auch, sie immer in dem Stand zu halten, der sachliche Einschätzung möglich macht. Die Umwelt ist für sie Wildnis, die sie kultivieren und in die sie Ordnung hineintragen will. Sie meint damit das Leben, das Verhalten, die Ausdrucksweise, die seelische Ordnung. Unsachlichkeit, falsche Artikulation, falsch angewandte Begriffe sind ihr

ein Greuel. Pathos und Übersteigerungen sind ihr fremd. Unechtes, Grundsatzloses sind ihr geradezu verhaßt. Sie kann darauf sarkastisch reagieren. »Unsere tägliche Selbsttäuschung gib uns heute«, heißt es spöttisch bei Wilhelm Raabe.

Die Kritik der Jungfrau ist gefürchtet, sie ist ihr Selbstverständnis, sozusagen ihr tägliches Einmaleins. Sie selbst steht dabei am

Rande, kühl, ja fast unterkühlt. Ganz im Gegensatz etwa zum Steinbock, will sie keineswegs eingreifen, sie stellt nur fest oder besser gesagt: sie stellt richtig, sie rückt zurecht. Sie kann mit wenigen trockenen Worten ganze Tiraden zunichte machen. Ihre Haltung allein kann schon ernüchternd wirken, Stimmungen töten. Sie ist darauf geeicht, unechte Gefühle, unerlebte Lebenshaltungen zu entlarven, zu demaskieren.

Eine im Zeichen Jungfrau geborene Drehbuchautorin behandelte das Leben von Wissenschaftlern und deren Frauen an einem Forschungsinstitut mitten im Urwald. Die unvorhergesehene Katastrophe tritt ein: das Institut wird von der Umwelt abgeschnitten. Und nun beschreibt die Autorin unbestechlich jeden einzelnen Charakter und wie er sich verhält, wenn es um das bloße Überleben geht.

Der Jungfrau geht es hier wie immer um das Sich-nichts-Vormachen und Mit-jeder-Möglichkeit-Rechnen. Die Umwelt real einzuschätzen, das ist ihr Überleben. Weil sie mehr als andere den Eindrücken der Welt passiv ausgeliefert ist, muß sie die Wirklichkeit kennen. Sie spürt noch in sich die Urrudimente des Beutetiers – Täuschung wäre tödlich.

Vielfach wird der Jungfrau vorgeworfen, sie sei zu negativ, zu pessimistisch, sie würde zu wenig die schönen, die positiven Seiten des Lebens sehen. Eine Jungfrau kann aber immer erst die schönen Seiten des Lebens genießen, wenn sie auch die Kehrseite kennt und richtig einzuschätzen vermag. Nicht umsonst ist sie die Alarmglocke einer jeden Gemeinschaft, im großen wie im kleinen Bereich.

Der Pessimismus der Jungfrau ist nichts anderes als ein vorsorglicher Skeptizismus. Er steht in direkter Relation zur eigenen Unsicherheit. In dem Augenblick, in dem die bewußte Wahrnehmung ins Schwanken gerät, sich ein Überblick entzieht oder Fakten nicht greifbar sind, kommt die Jungfrau in eine bisweilen panische Gefühlsunsicherheit, die bis zur Bedrohungsmanie führen kann.

Sie hat dann ihren Schutz der Bewußtheit, des bewußten Überblicks verloren und fühlt sich ausgesetzt und schutzlos. Sie erwartet dann alles, nur nichts Gutes. In einer solchen Situation treibt sie ihr Sicherheitsverhalten in das negative Extrem. Die Fluchtmechanismen werden dann automatisch wirksam. Schon die Tätigkeit des Aufdeckens, Kritisierens wirkt beruhigend, ganz

Merkur und seine Kinder, aus dem »Mittelalterlichen Hausbuch« um 1480

gleich, ob dies noch in sinnvollem Zusammenhang mit der Wirklichkeit geschieht oder nicht. In kritischer Übersteigerung kann es dann zu Pedanterie und Nörgelei kommen, wenn das fanatische Festhalten am Detail zur Ersatzsicherheit, zum Strohhalm wird. Ein Streit oder eine Auseinandersetzung mit ihr wäre dann sinnlos, denn im Detail siegt immer die Jungfrau.

Das kann dann in der näheren Umgebung oder beim Partner jeden Impuls abtöten, Initiativen lähmen, Gleichgewichte zerstören.

Für die Jungfrau ist das innere Notwehr. Ihr geht es zumindest im Ansatz darum, ihr Lebensrevier in bewußter Übersichtlichkeit zu halten, denn das ist für sie erste Voraussetzung zur Sicherheit.

Die Verwertung der Umwelt

Sollte sich unter Ihrem Nachwuchs eine Jungfrau eingestellt haben, so dürften Ihnen zumindest die Sorgen um die Schule erspart bleiben. Abgesehen von einer sporadischen Trägheit, haben sie ein intelligentes, gescheites Kind. Es wird auch mit den übrigen Kindern gut auskommen, sozusagen Schul-Image haben, und höchstens etwas zur Wichtigtuerei neigen. Vielleicht wird es Klassensprecher, wenn nicht gerade ein Widder diese Funktion ausübt.

Das Phänomen zeigt sich im Verhältnis zu den Lehrern. Selbst wenn Ihr Sohn oder Ihre Tochter erst in der zweiten Klasse ist – der Lehrer wird sich durch Ihr Kind begriffen und verstanden fühlen. Er wird sagen, Ihr Kind sei der Klasse voraus, es sei reifer.

Was hier so früh in ausgeprägter Form geschieht, wird auch im späteren Umweltverhältnis der Jungfrau bestimmend sein. Das Sicherheitsgefühl der Jungfrau verlangt danach, Vorgänge, Bewegungen, alle Charaktere im Revier deuten zu können. Sie ist instinktiv darauf ausgerichtet, Gesten, jeden Ausdruck, jeden Inhalt und jede Eigenart aufzunehmen und zu orten. Sie macht

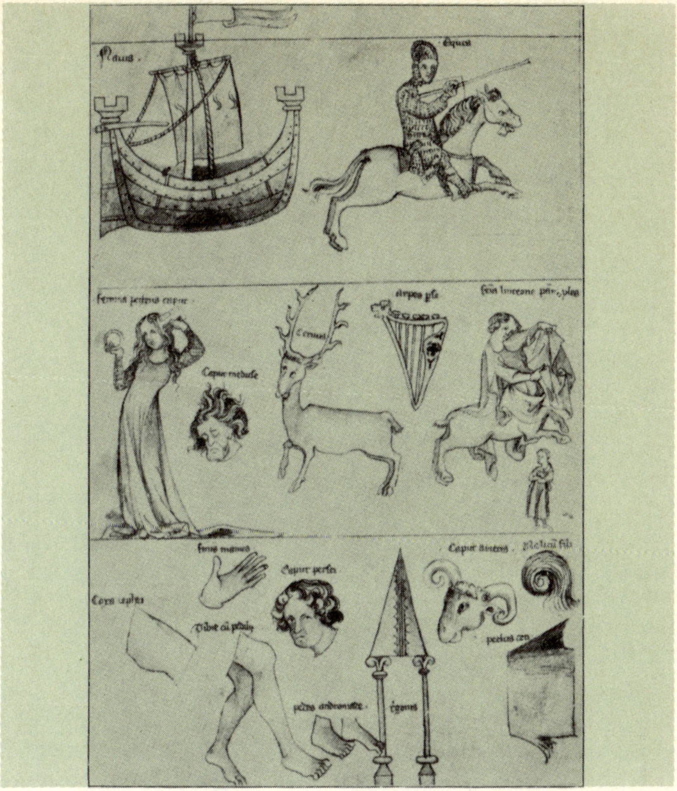

Die Paranatellonta in drei Feldern, Illustration aus einer alten lateinischen Handschrift

seelische Eigenwilligkeit lebensfähig und bewußt und mißt sie an den Bedingungen des Lebens. Das Instrumentarium ihres Verhaltens ist dafür so übermäßig ausgebildet, daß sie ständig nach solchen Möglichkeiten sucht. Sie ist ein wandelnder Umweltverarbeiter, ein wandelnder Geburtshelfer. Man kann sich durch die Jungfrau immer begriffen wissen. Sie nimmt jede Geste auf, jeden Eindruck – schluckt ihn und lebt ihn, indem sie ihn artikuliert. Sie schluckt Umwelt und verarbeitet, zivilisiert und erdet sie. Und

Merkur und seine Kinder, Jungfrau und Zwillinge, Holzschnitt zu dem »Planetenbuch« von 1553

weil dies bei ihr immer in vollständiger Weise geschieht, ist sie diesen Inhalten ausgeliefert, nimmt sie deren Form, Farbe und Ausdruck an. Gerade deshalb ist sie wie ein Gefäß hochempfindlich gegen Inhalte, die nicht stimmen, unecht oder nur demonstriert sind. Besonders die weiblichen Vertreter des Zeichens reagieren auf falsche Töne oft augenblicklich durch Allergien oder sogar Übelkeit.

Von der Aufgabenstellung, der Verarbeitungsmöglichkeit hängt das Standortgefühl der Jungfrau ab. Nur wenn der Durchfluß vorhanden ist, findet sie ihr inneres Gleichgewicht, andernfalls wird sie unruhig, verwirrbar, sucht nach Möglichkeiten, saugt Inhalte auf und schlüpft hinein.

So ist für die Jungfrau Aufgabentreue mit Personentreue gleichzusetzen. Es gibt in der Theaterliteratur für kaum ein anderes Tierkreiszeichen eine so exemplarische Darstellung wie für die Jungfrau. In dem Stück »Thomas Beckett oder die Ehre Gottes« von Jean Anouilh macht König Heinrich II. von England seinen ergebenen Kanzler Thomas Beckett zum Bischof von England. Er will damit die kirchliche und weltliche Macht in England auf sich vereinen. Beckett aber, der den König davor gewarnt hatte, ihn damit zu betrauen, vertritt nun die Aufgaben der Kirche, sogar gegen den König, bis zu seinem gewaltsam herbeigeführten Tode an den Stufen der Kathedrale.

Die Jungfrau wird in ihrem Standort von der Aufgabenstellung bestimmt. Gleichgültig, ob es sich um die originale oder unbeholfene Eigenart eines Menschen handelt, die es in Lebensnähe zu bringen gilt, oder um eine ideelle oder sachliche Aufgabe. Dieser Aufgabenstellung ist sie treu bis zum Tode, nach ihr wird sie sich formulieren.

Es ist geradezu charakteristisch, daß bei Ehen, in denen der Mann noch studiert, die für den Unterhalt sorgende Frau sehr häufig eine Jungfrau ist. Sie ist grundsätzlich dazu bereit, eine Aufgabe bis zur Aufopferung zu übernehmen. Die geschäftlichen und beruflichen Erfolge von Jungfrauen gehen im wesentlichen auf diese Aufgabentreue zurück. Neben der sachlichen Einschätzung, der guten Witterung liegt dies vor allem an dem Umstand, daß sie sich vollständig mit allen Fasern auf die Sache oder das Objekt einstellen, ja, sogar ihre Haltung darauf einjustieren und somit die Aufgabe begreifen können. Bei jeder neuen Aufgabenstellung wird das die Jungfrau aufs neue tun, mit der gleichen Ausschließlichkeit.

Wer so auf die Möglichkeiten der Umwelt angewiesen ist, wie die Jungfrau, um sein Verhalten im Gleichgewicht zu halten, leidet Höllenqualen durch Versäumnisangst. Jungfrauen sind ständig auf dem Sprung, immer bereit, stets offen für Möglichkeiten. Auch ihre sprichwörtliche neutrale Neugierde steht im Dienste der Aufgabe, die Umwelt zu durchforsten. Weil aber für die Lebensbewältigung der Jungfrau die Formel ›Sicherheit aus Skepsis‹ gilt, kann bis zum Zugriff eine ganze Weile vergehen. Zögernd und zaudernd wird nach allen Seiten hin untersucht. Bisweilen versteht es die Jungfrau, aus ihrer Entscheidungsschwäche sogar die Position der Stärke zu machen. Ihre Skepsis wird zur Bewertung des Objekts, der Aufgabe oder was es auch sei.

Wer schon einmal eine charakteristische Jungfrau als Autofahrer erlebt hat, der weiß, wie tief die Angst sitzt, etwas zu versäumen. Selbst wenn sie sportlich schnell eine Kreuzung überquert hat, vermeint man anschließend ein Zaudern zu bemerken, als ob sie überlege, vielleicht etwas versäumt zu haben, weil sie nicht abgebogen ist. Es gibt überhaupt Autofahrer, deren Tierkreiszeichen-Zugehörigkeit man leicht erkennen kann. Während etwa die Stiere ihr breitbeiniges Selbstverständnis auf die Fahrweise übertragen, die expansiven Schützen kaum Abstand halten können, sind die Jungfrauen diejenigen, die auf gerader Strecke sportlich und zügig fahren, jedoch bei jeder Abbiegung ins Stottern kommen. Das kann durchaus auf die Lebensbewältigung übertragen werden – auf die Qual, zu entscheiden und aus der Unsumme der Möglichkeiten eine auszuwählen.

Die kluge Jungfrau

Von dem französischen Maler und Zeichner Jean Auguste Dominique Ingrès sind die Worte überliefert: »Zeichnen, Herr, ist Anstand; Zeichnen ist Ehrensache.« Ingrès soll sie gegenüber dem romantischen Maler Eugène Delacroix geäußert haben.

Es gehört zu den astrologischen Delikatessen, diesen Ausspruch einer Jungfrau zuschreiben zu können. Die Jungfrau, die Impulse gegenüber den Bedingungen des Raumes aussteuert, Impulse ausmißt, müssen die ›undisziplinierten‹ Gefühle der Romantik stören, sie müssen ihr distanzlos erscheinen. Die Verhaltenheit des Lebenstriebs, die Übereinkunft mit den Bedingungen der Umwelt, ist in der Tat auch im Sinne Ingrès ›Anstand‹.

Die Jungfrau ›verhält‹ ihren Impuls, sie handelt nicht blind, sondern stets bewußt gegenüber den jeweils vorliegenden Bedingungen. Sie handelt angemessen. Es gehört zu den Besonderheiten der Jungfrau, daß bei ihr das Gefühl für Situationen ebenso stark ausgeprägt ist, wie ihr fast sprichwörtliches Raumgefühl. Die gemessene Bewegung im Raum, die bewußte Verarbeitung von Bewegungsabläufen ist das Hauptthema des Jungfrau-Malers Oskar Schlemmer mit seinen geometrischen Raumstudien.

Ausgeprägt ist auch die Begabung der Jungfrau für Regie, gleichgültig, ob es sich um die Regie auf der Bühne oder auf dem

Fußballfeld handelt. Es ist kein Zufall, daß einerseits der legendäre Max Reinhardt, andererseits Günter Netzer, Franz Beckenbauer und viele andere große Fußballstrategen Jungfrauen sind. Die Präzision und Übersicht für Bewegungsabläufe im Raum ist Selbstverständnis.

Auch die Treffsicherheit im Geschmack ist sehr groß und betrifft die Einrichtung ebenso wie die Mode. Eine Jungfrau weiß, welche Dinge sich im Raum gegenseitig stören; sie weiß aufeinander abzustimmen. Jungfrauen haben den Instinkt für die richtige Ausdrucksweise, für das angemessene Verhalten. Sie finden die richtigen Worte, treffen die jeweilige Atmosphäre. Dazu gehört auch die eigene Verhaltenheit im Auftreten. Da sie ihre Impulse in der Bewußtheit des Handelns auffangen, ecken sie nicht an, denn sie kennen die Maße der Umwelt. Sie stehen weder zu sehr im Mittelpunkt, noch zu sehr am Rande – sie üben Zurückhaltung, nicht Schüchternheit.

Hier steigt vermutlich einiges aus den Urinstinkten früherer Erinnerungen auf. Wie bei allen Erdzeichen, so ist auch das Schutzverhalten der Jungfrau im Sinne des wehrlosen Beutetiers

Merkur und seine Kinder, Jungfrau und Zwillinge, Holzschnitt zu einem englischen Kalender von 1503

stärker ausgeprägt als bei anderen Zeichen. Es verlangt, nicht im gefährlichen Mittelpunkt zu stehen, sich nicht zu sehr zu exponieren. Während sich der Stier noch durch Verharmlosung tarnt, etwa durch ein kleines sportliches Hütchen, tarnt sich die Jungfrau durch eine fast nahtlose Angemessenheit und Unauffälligkeit. Sie neigt dabei eher zu einem gekonnten Understatement. Die Wandlungsfähigkeit ist dabei außergewöhnlich groß. Weibliche Vertreter des Zeichens können bisweilen wie ›gestrickte Aschenputtel‹ aussehen, sich aber bei würdigem Anlaß so selbstverständlich wie kein anderes Zeichen in eine große Dame verwandeln, ohne Aufdringlichkeit, ohne falschen Akzent.

Die Jungfrau bevorzugt auch die angemessene Kleidung, als würden die Planquadrate des bewußten Handelns auf die Kleidung projiziert. Die Vorliebe für Karos, Pepita oder Streifen ist nicht zu übersehen. ›English-Look‹ wird bevorzugt.

Jungfrauen vermitteln durch die Ausgewogenheit ihres Auftretens und ihre Zurückhaltung ein Gefühl, eine Aura der Sicherheit. Es ist bemerkenswert, daß z. B. Frauen, die eine geschiedene Ehe oder eine Krise hinter sich haben, erstes Verständnis bei der Jungfrau suchen, wenn sie seelisch verunsichert wurden. Das zweite Zeichen der Sicherheit für Verschreckte ist dann der Stier, wenn die Lebensordnung chaotisch war oder zumindest bedroht wurde.

Die kluge Verhaltenheit der Jungfrau, die Aussteuerung und Begrenzung der Emotion werden bisweilen übertrieben. Und wie die Natur immer auch ihre Parallelen bietet, bzw. im Gesamtgefüge der Person sich gleichzeitig auf mehreren Ebenen ausdrückt, zeigt sich bei Jungfrauen als typische körperliche Erscheinung eine Ausscheidungsunlust. Das gilt für Ausscheidungsorgane (Niere) im allgemeinen und auch für funktionelle Übel. Verstopfung ist das Problem, und bisweilen nicht nur organisch, sondern auch seelisch.

Es wird dann notwendig, den Emotionen eine Öffnung in der Bewußtheitslinie zu lassen, um die Seele zu entgiften. Depressionen sind immer die Ankündigung solcher Verstopfungen. Man sollte dem unbewußten Drängen zuvorkommen und rechtzeitig für Ausgleich sorgen. Der ausgleichende Instinkt für ihre Probleme ist übrigens immer gegenwärtig. Bei Skepsis und Vorsicht werden Eindrücke nicht ohne weiteres angenommen, um die seelische Verdauung nicht über Gebühr zu belasten. Es ist ähnlich wie im organischen Bereich: Jungfrauen disponieren nämlich zu dem, was man harnsaure Diathese nennt, zur mangelnden Ausscheidung von Harnstoffen. Deshalb, und welche Jungfrau könnte das nicht bestätigen, besteht unbewußt und instinktiv Abneigung gegen alle Speisen, die harnsäurehaltig sind, und das sind alle Innereien wie Niere und Leber. Sie sollten also bei ihrem Jungfrau-Kind daran denken, daß es nicht nur mäkelt oder sich anstellt, wenn es solche Speisen ablehnt, sondern einem sinnvollen Instinkt folgt.

Merkur mit Jungfrau und Zwillingen, mittelalterlicher Holzschnitt aus dem Buch »Sybilla«

Die Jungfrau und der Beruf

Jungfrauen bringen für den Beruf so ziemlich alle Qualifikationen mit, die man bei einem Mitarbeiter schätzt. Sie sind unbestechlich in der Beobachtung, klug und umsichtig im Handeln, zuverlässig in der Terminplanung. Dazu kommen die angeborene Ökonomie und die Angemessenheit des Auftretens. Der Arbeitsstelle gegenüber verhalten sich Jungfrauen loyal – es ist für sie ein vernünftiges Arrangement. Alles in allem also ein rundes Bild.

Die weiblichen Jungfrauen sind die geborenen Sekretärinnen. Sie braucht keine langatmigen Erklärungen, denn sie weiß meist von selbst, was gerade notwendig ist. Sie begreift Situationen, sie begreift Chefs.

Wovor allerdings jede Jungfrau einen Horror hat, das ist, für andere oder im Dienste anderer zu entscheiden. Ein Risiko für sich selbst abzuwägen, das ist meist schon schwer genug, aber ein Risiko für sich und den anderen abzuwägen, das versucht eine Jungfrau weitgehend auszuschließen. Meist sucht sie eine Rükkendeckung, um ihre innere Ruhe und damit ihren Instinkt wiederzufinden.

Jungfrauen sind meist ausgesprochen lebenstüchtig. Gerade auch als Selbständige zeigen sie sich als gute Verwerter, die aus den geringsten Möglichkeiten die größtmöglichen Gewinne erzielen. Das ist auch der Blickpunkt, von dem aus Jungfrauen Aufgaben angehen: Ein Objekt ist nur so gut, wie es sich unter den gegebenen Umständen verwerten läßt. Allerdings können sie im Notfall selbst Utopien vom Himmel holen und verwendbar machen. Am wohlsten fühlen sich Jungfrauen in den Berufen, die ihren Verhaltensmodalitäten entsprechen: als Beobachter, Tester, Diagnostiker, Analytiker, Kritiker und Regieführer im weitesten Sinne des Wortes.

Eine Jungfrau lebt immer in der Gegenwart, bewußt und vertraut mit den gegebenen Bedingungen. Sie wird nicht gegen die Umstände, sondern mit ihnen leben. Die tägliche Selbsttäuschung ist ihr fremd. Darin liegt ein Geheimnis ihres Erfolgs. Man wird sie immer mit beiden Beinen auf der Erde finden oder anders ausgedrückt: Sie verwertet immer nur Vorhandenes.

Die Jungfrau und die Liebe

Der Jungfrau-Mann

Wer eine Jungfrau als Familienvater gewinnt, wird ganz sicher von den äußeren Sorgen des Lebens verschont bleiben. Jungfrauen sorgen für die Ihren. Das Leben ist in Ordnung, Rechnungen sind immer pünktlich bezahlt, der Hauswirt sieht einen nicht von der Seite an, und das Telephon wird nicht gesperrt. Das bürgerliche Leben und Ansehen sind Ihnen sicher. Manchmal geht die Jungfrau allerdings in ihrer Vorsorge etwas zu weit. Bisweilen ist die Ängstlichkeit, sind die Zweifel übertrieben. Sie kann dann Impulse einengen, Selbstvertrauen nehmen.

Die Vorsorge betrifft auch die ökonomische Einteilung. Die Verfügbarkeit der Mittel ist immer gewährleistet, der Notgroschen immer vorhanden. Aber auch das wird mitunter übertrieben. Hier sollten Sie sich, nicht ohne Verständnis für das Grundgefühl der Jungfrau, auf einen Kampf gefaßt machen. Bisweilen sieht es nämlich so aus, als wollte die Jungfrau das Überleben für den Ernstfall proben. Aus einem Minimum das Optimale herauszuholen, könnte sie auch von Ihnen in puncto Haushaltskasse verlangen. Wehren Sie sich da rechtzeitig. Ihre Jungfrau kann sich auch kaum dazu entschließen, etwas wegzuwerfen, alte Schrauben, ein Rezept, das vor zwanzig Jahren gegen Magenschmerzen half. Vorsorge ist alles! Das gilt auch für das Einkaufen. Eine Jungfrau kauft selten für den Augenblick, sie kauft für morgen. Qualität geht ihr in jedem Fall vor Quantität, und Kinder bekommen, wenn Sie nicht energisch einschreiten, prinzipiell die Kleidergröße, in die sie noch im übernächsten Jahr hineinwachsen können. Aber Sie sind für alle Fälle des Lebens ausgerüstet. Die Gesundheit und das Wohlergehen werden überwacht, und dafür ist nur das Beste gut genug. Vielleicht ist Ihr Jungfrau-Mann dabei etwas hypochondrisch und verlangt auch von Ihnen und den Kindern das Tragen reichlich warmer Unterwäsche, doch deshalb ist die Jungfrau nicht verschroben. Das Leben geht an Ihnen nicht vorbei. Die Jungfrau gibt Ihnen die Ruhe und die Sicherheit der Lebensbasis. Das Leben wird Ihnen erklärt, und Sie selbst fühlen sich nie unverstanden. Eine Jungfrau ist immer bereit, für Sie zu klären.

Eine Jungfrau ist auch durchaus tolerant, zumindest in dem Sinne, daß sie sich bedenkt, ehe sie sich in Entscheidungen einmischt. Sie hat zwar Lebensregeln, die zu beherzigen zwar meist vor Schaden bewahrt, doch die Jungfrau besteht nicht auf ihrer Einhaltung.

Vom gesellschaftlichen Leben sind Sie mit einer Jungfrau ebensowenig ausgeschlossen wie von kulturellen Ereignissen. Eine Jungfrau legt Wert auf Umgang, ist gesellig und hat immer Freunde, wenn auch der Jungfrau-Mann bisweilen im Kulturellen

Astrologe in einer Geburtsstube, Jost Amann zugeschriebener Holzschnitt

und Weltanschaulichen das Nützliche sieht, nämlich das Erbauliche. Auch an Goethe ist dieser Zug nicht spurlos vorübergegangen.

Manchmal erfaßt die Jungfrau eine innere Unruhe, die sie unstet erscheinen läßt. Es sind dann die Stimmungen, denen sie ihren Ruf als launisch oder grantig verdankt. Meist geschieht dies pünktlich alle vier Wochen zum Vollmond. Vielleicht ist es die ständige Lebensbewußtheit, die ständige Aufmerksamkeit, die einer Lockerung bedarf. Ein innerer Aderlaß scheint jedenfalls dringend nötig, und sie sollten Ihrer Jungfrau dann Luft lassen.

Später, wenn die Sicherheit bis nach innen gedrungen ist, der

Friede mit dem Schicksal und damit die Beschaulichkeit gefunden wird, besteht die Tendenz zu entgegengesetzter Richtung, die Gefahr der selbstgefertigten Idylle, etwa wie bei Caspar David Friedrich oder wie in Goethes »Hermann und Dorothea«. Ein gewisser bürgerlicher Stolz kann sich beschaulich festsetzen. Dann ist es an Ihnen, Ihren Jungfrau-Mann wieder wachzurütteln, neue Interessenreize heranzuholen und die Reviergrenzen auszuweiten.

Dies alles könnte allerdings an einem scheitern: an der Unentschiedenheit der Jungfrau, wenn es um so grundsätzliche Dinge geht wie um ein endgültiges Ja-Wort. Eine Ehe ist für eine Jungfrau so etwas wie eine Wegkreuzung, wo es ja auch noch andere Abzweigungen gibt. Nehmen Sie also im Ernstfall der Jungfrau in dieser Beziehung die Worte über Vernunft und Verantwortlichkeit nicht ab, es sind zumindest halbe Ausreden, die sie für sich selbst sucht. Sie schützen damit die Jungfrau vor der immer latenten Gefahr des ewigen Junggesellen – und sie wird Ihnen später dankbar sein, die Verantwortung auch für Sie tragen zu können.

Die Jungfrau-Frau

Die weibliche Jungfrau ist solcher Gefahr weniger ausgesetzt. Sie sucht die Eigenart, die sie ausloten und aussteuern kann. Halb haben Sie bei ihr schon gewonnen, wenn Sie sich zum Rätsel machen. Gemäß ihrem Naturell reizt es nämlich die weibliche Jungfrau, Inhalte zu koordinieren und faßbar zu machen. Wenn die erste Reaktion in distanzierter Kühle, betonter Arroganz oder auch offensichtlicher Widerborstigkeit ausfällt, dann haben Sie schon halb gewonnen. Jungfrauen schließen nämlich die Vorhänge des bewußten Verhaltens, wenn sie sich verunsichert und irritiert fühlen. Es ist dann meist nicht schwer, die Scheinfestung des Verhaltens zu stürmen.

Wenn Sie eine weibliche Jungfrau für sich gewinnen können, haben Sie nahezu ein Ideal erreicht. Sie sollten sich aber darüber im klaren sein, daß ein Ja-Wort Ihrer Jungfrau-Partnerin kein leichtfertiger Entschluß, sondern grundsätzlich gemeint ist. Die Jungfrau wird sich dann für Sie restlos einsetzen, das heißt, bis zur Grenze (und bisweilen darüber hinaus) ihrer psychischen und physischen Existenz. Sie ist darauf angewiesen, sich Ihnen in

Venus, Mars und Merkur als Herrscher des Jahres mit einer Mondfinsternis, Titelbild einer Praktik von 1529

einer Totalität auszuliefern, die Sie möglicherweise schon als Beengung empfinden. Sicher ist damit ein Teil Aufgaben-Abhängigkeit verbunden, wobei Sie die Aufgabe sind, die es gilt, ins Leben zu bringen und mit den Bedingungen auszugleichen.

So wird die weibliche Jungfrau vielfach, wenn sie nicht vorher sorgfältig wählt, in die Pufferzone des Erleidens kommen, die Emotionen und Belastungen ihrer Partner auffangen und ausbalancieren. Daß sie dabei Aschenputtel und große Dame gleichzeitig sein kann, ist ihr besonderer Vorzug.

Probleme mit weiblichen Junfrauen ergeben sich zumeist dann, wenn sie sich seelisch im Stich gelassen fühlen. Sie werden dann zu dem, was man einen seelischen Klammeraffen nennen könnte. Sie beengen ihre Partner und vergrößern damit die akute Lage.

Daß Jungfrauen prüde sein sollen, konnte übrigens noch nirgends bestätigt werden.

Anekdoten über berühmte Jungfrauen

Max Reinhardt

Max Reinhardt hatte für eine zehntägige Reise 50 Paar Socken eingepackt. »Was soll der Unfug?« fragte ein Freund. »Mehr als zehn Paar brauchst du keinesfalls.« »Schon«, erwiderte der Regisseur, »aber welche?«

Lord Chesterfield

Voltaire fragte den in Frankreich weilenden Lord Chesterfield, ob er die Engländerinnen oder die Französinnen für schöner halte. Die Jungfrau Lord Chesterfield antwortete: »Ich habe kein Urteil. Ich verstehe nichts von Malerei!«

Ludwig I. von Bayern

Vers mit Fußnote von König Ludwig I. von Bayern:
»Was die Horen, die flüchtigen, bringen,
genieße,* denn flüchtig
ist die Gabe wie sie, schwebet in Eile vorbei.«

* Nur vom Erlaubten ist die Rede, sowohl in diesem als auch in anderen Gedichten.

Johann Wolfgang von Goethe

Der im Zeichen Jungfrau geborene Goethe entschuldigt sich in einem Brief von 1787 aus Rom: »Ich muß diesmal schließen und wider Willen eine leere Seite schicken.«

Eine Gegebenheit nicht ökonomisch nutzen, und sei es nur ein Briefbogen, widerstrebt der Jungfrau.

Daß Goethes Satz kein Zufall ist, zeigt eine ähnliche Bemerkung in einem späteren Brief desselben Jahres aus Italien: »Nun kann ich nicht weiter, wenngleich noch Raum da ist.« Wieder beschäftigt und stört ihn der ungenutzte Raum. Weil Jungfrauen das Ungenutzte nur schlecht ertragen, schneiden manche lieber ein Stück übriges weißes Papier ab, bevor sie den Brief in den Umschlag stecken.

Die Jungfrau und die anderen

Bezieht man sich nur auf die Verhaltensweisen der einzelnen Tierkreiszeichen, also auf den Geburtstag (Sonne), so kann man eine Faustregel aufstellen. Die idealste Verhaltenskombination stellen immer die Zeichen dar, die durch ein Zeichen voneinander

Mittelalterliche Umgestaltung der altägyptischen Dekangötter nach arabischen Quellen

getrennt sind – also ein Zeichen und das jeweils übernächste. Für die Jungfrau sind das der Krebs und der Skorpion. Dabei ist meistens das im Jahresverlauf vorherliegende Zeichen für die Verbindung bestimmend. Die Jungfrau wird also durch den Krebs bestimmt, der Skorpion durch die Jungfrau. Gute Kombinationen ergeben außerdem die Verhaltensweisen der Zeichen, die das gleiche Element repräsentieren. Bei der Jungfrau sind das die Erdzeichen Stier und Steinbock. Allerdings ist dies eine Verbindung, die schädlich sein kann, da man sich auch in den Extremen bestätigt und kein korrigierender Ausgleich gegeben ist.

Die Zeichen, die jeweils durch zwei Zeichen voneinander getrennt sind, weisen unvereinbare Verhaltensweisen auf, behindern sich gegenseitig, ohne sich zu ergänzen. Hier herrscht ständiges Reizklima.

Die Verhaltensweisen der Zeichen, die fünf oder sieben Tierkreisstationen auseinanderliegen, sind sich eher fremd. Sie reizen sich nicht und begreifen sich nicht. Es herrscht ein spannungsloses Mißverständnis. Dies sind für die Jungfrau der Wassermann und der Widder. Ähnliches gilt für benachbarte, also unmittelbar aufeinander folgende Zeichen. Dabei herrschen verschiedene Motivationen auf gleicher Ebene vor, was meistens zu stärkeren Kontroversen führt.

Die sich gegenüberliegenden Zeichen ergeben in der Kombination ständige produktive Auseinandersetzungen, die sich aus der Gegensätzlichkeit der Verhaltensmotive entwickeln. Man hält sich gegenseitig in Schach. Dieses Gegenüberstellen von Tierkreiszeichen ist für Partnerschaften nicht nur produktiv, sondern auch harmonisch, wenn nicht nur der Geburtstag, sondern auch die Geburtsstunde (Aszendent) einbezogen wird. Es ist wohl die idealste Kombination für das Zusammenleben, wenn der eine Partner seinen Aszendenten in dem Zeichen hat, in dessen Bereich der Geburtstag des anderen fällt. Die Verhaltensweise des einen entspricht dann der Anlage des anderen. Hier kann allerdings nur über dic Verhaltensweisen und nicht über die Anlagen gesprochen werden.

Jungfrau und Widder

Die Temperamente von Jungfrau und Widder haben ungefähr soviel gemeinsam, wie eine Vase mit einem Moped. Die Anziehungskraft der beiden beschränkt sich daher auf das, was Menschen beiderlei Geschlechts füreinander im Notfall aufbringen können. Ein Widder-Mann ist zwar durchaus nicht unempfänglich für die Reize eines Jungfrau-Mädchens. Auch eine Widder-Frau kann sich für den bestechenden Intellekt eines Jungfrau-Mannes vorübergehend begeistern, doch das Vergnügen aneinander wird nur von kurzer Dauer sein.

Jeder Widder nimmt die Gesamtheit eines Eindrucks auf und antwortet mit der Gesamtheit seiner Persönlichkeit. Eine Jungfrau hingegen hat mit ihrem analytischen Lebensgefühl nicht viel Freude an der Impulsivität ihres Widder-Partners. Sie nennt

Spontaneität ganz einfach Unbeherrschtheit. Und da sie nicht sparsam mit Kritik umgeht, kann sie ihrem Widder eine Ernüchterung nach der anderen bieten.

Widder und Jungfrau sind zwei Tierkreiszeichen, die nicht füreinander geschaffen sind. Wie der Widder oft einem unkontrollierten Aktivitätszwang ausgeliefert ist, so wird das Sicherheitsgefühl der Jungfrau von kühler Umweltanalyse bestimmt. Sie unternimmt selten etwas, ohne zuvor die Verhältnisse genaue-

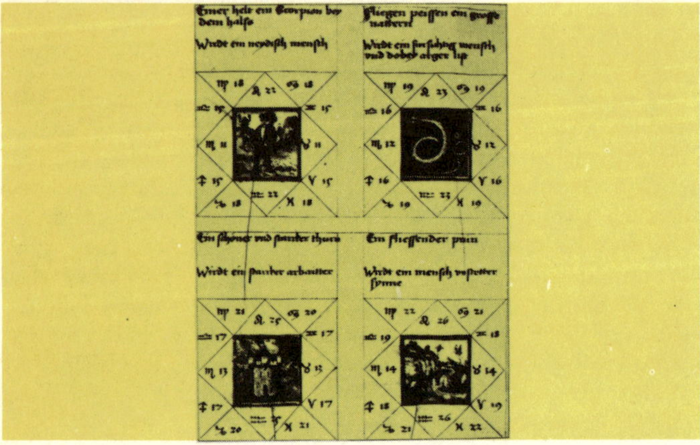

Nebeneinanderstehende Paramatellonta, Illustrationen zu einer mittelalterlichen Handschrift

stens ausgelotet zu haben. Vor das Handeln hat sie ein sehr feinmaschiges Filtersystem gespannt, in dem sich jedes unpassende Signal verfängt. Sie ist fast so sensibel wie ein Fisch, doch im Gegensatz zu ihm reagiert sie sehr präzis auf Signale von außen. Wird sie unsicher gemacht, dann flüchtet sie ins Detail, das kein Widder mit ihr teilen kann.

Mißverständnisse zwischen diesen beiden Tierkreiszeichen sind an der Tagesordnung. Der Widder fühlt sich durch die distanziert beobachtende und lebenskluge Jungfrau im Impuls gehindert und irritiert. Die Jungfrau wird durch die Beunruhigung und Aktivität des Widders aus ihrer ruhigen Lebensbeobachtung und Weltbetrachtung gerissen.

Jungfrau und Stier

Stier und Jungfrau können gegenseitig ihre Anlagen steigern, aber auch bis ins Extrem treiben.

In der Lebenshaltung versteht man sich grundsätzlich; es gibt wenig Reibungsflächen. Der Stier, der sich um einen festen Platz im Gesellschaftsgefüge und um konkrete Verankerung bemüht, vermittelt das Gefühl breit angelegter Sicherheit. Das beeindruckt die Jungfrau sehr. Sie sucht feste Grenzen und Sicherheit, die sie bei sich selbst nicht zu finden vermag. Allerdings sucht sie vor allem seelische Sicherheit. Aus Gefühlsunsicherheit schärft sie ihre Anlagen zur Beobachtung, Wahrnehmung und Vergewisserung der Umwelt. Oft wittert sie geradezu Instabiles. Aber die Wahrnehmung der Umwelt ist für die Jungfrau nur Ausgangspunkt. Sie will sich auch gegenüber dem Wahrgenommenen aussteuern und der Umwelt anpassen, um dadurch größere Stabilität zu gewinnen. Die Jungfrau ist vernünftig und lebensklug.

Ein Astrologe empfängt einen Kunden, englische Zeichnung aus dem 17. Jahrhundert

Die Vorteile einer Stier-Jungfrau-Verbindung sind offenkundig. Die Jungfrau ›karrt‹ heran, der Stier verstaut die Möglichkeiten und macht sie zum Bestand. Solange beide damit beschäftigt sind, geht alles gut. Deshalb sind sie auch auf gemeinsamen Ehrgeiz angewiesen. Dabei besteht jedoch die Gefahr, daß man sich bis zur Betriebsamkeit in diesen Ehrgeiz hineinsteigert und damit unechte Lebensgefühle kompensiert. Diese Verbindung ist also nicht problemlos. In günstigen Fällen können jedoch Stier und

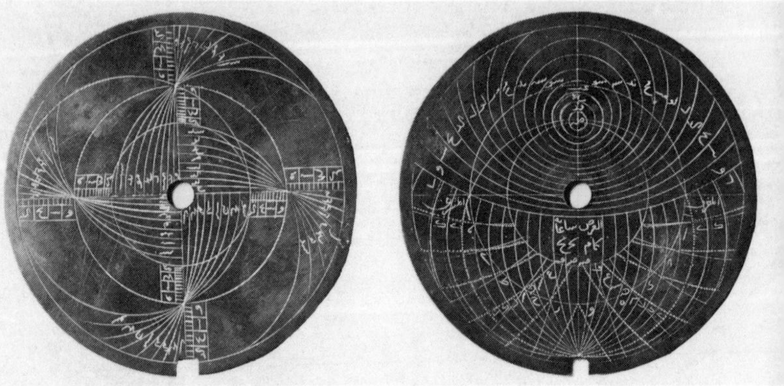

Astrolab aus Indien um 1610 (Einsatzscheiben)

Jungfrau vorbildlich harmonisieren. Die Familie ist dann eine musterhafte Ordnungszelle, wobei der Stier-Partner den Gemeinschaftssinn besonders fördert, denn er will seine Herde immer um sich versammelt sehen.

Jungfrau und Zwillinge

Die Verhaltensweisen von Zwilling und Jungfrau ergeben im ständigen Umgang miteinander oft Komplikationen. Zwilling und Jungfrau gehen sich gegenseitig auf die Nerven.

Die Jungfrau hat eine ungewöhnlich starke Witterung für alles, was in der Umwelt vorgeht. Sie braucht das, weil das Motiv ihres Verhaltens die seelische Aussteuerung gegenüber den Umweltbedingungen ist. Sie ist hin- und hergerissen, betriebsam, aktiv und stets wichtig. Sie schlüpft in andere Eigenarten und ist überall zu finden, wo es darum geht, Dinge spruchreif zu machen, Inhalte zu artikulieren, weil sie mit der jweiligen Umwelt ein Ganzes bildet. Das ist dem neutralen Zwilling in seelischer Hinsicht zu unruhig. Der Zwilling hat scharfe, wenn auch weit verzweigte Verhaltenskonturen. Er braucht das zum Schutz seiner Entwicklungsphase, für die seelische Auseinandersetzungen noch zu früh sind. Er muß seelisch unbeeinflußt Konturen umreißen und benennbar machen, feststellen und kennzeichnen. Seine Unruhe und Beweglichkeit gilt der Aufmerksamkeit für die Fakten der Welt. Damit ist er wiederum der Jungfrau zu neutral, zu indifferent, zu sehr ohne Gemütsäußerung, die auf Inhalte abzielt. Er ist ihr seelisch zu ruhig. Nach ihrer Meinung hat er für die so wichtigen Zwischentöne zu wenig Verständnis. Erschwerend kommt hinzu, daß die seelische Unruhe der Jungfrau, die äußerst empfindlich auf die Umwelt reagiert, starke Spannungen erzeugt. Die seelische Stabilität der Jungfrau ist schwankend. Wenn eine Jungfrau verunsichert ist, zeigt sie ein hochmütiges Schutzverhalten. Da aber der Zwilling kein seelischer Blockadebrecher ist, steht er diesem Verhalten fassungslos gegenüber.

Jungfrau und Krebs

Verbindungen zwischen Krebs und Jungfrau sind empfehlenswert. Schwächen und Stärken ergänzen sich auf harmonische Weise.

Die Jungfrau verbindet und versöhnt den Krebs mit dem Leben. Die vernunftbegabte Jungfrau ist durchaus fähig, den gefühlsbetonten Krebs zu regulieren. Sie verfügt über alle inneren und äußeren Mechanismen, um Emotionen und Eigenarten gegenüber dem realen Leben auszusteuern. Mit sensibler Witterung nimmt sie Eigenarten wahr, begreift instinktiv und ist imstande, sie lebensnah zu artikulieren. Deshalb fühlt sich der Krebs von ihr unmittelbar, oft schon durch eine einzige Geste, verstanden. So wird sie seine Verbindung zum Leben, seine Erdung.

Da diese vernunftbetonte Aussteuerung gegenüber dem Leben für die Jungfrau vielfach so sehr zum Selbstverständnis wird, daß sie die Sicherheit des seelischen Standorts verliert, sind starke Gefühlsschwankungen mitunter die Folge. Hier ist der Krebs ein unerschöpflicher Kraftquell. Seine Fülle von Eigenart und Eigen-

Sternenopfer, arabische Darstellung aus dem Codex Bodl. Or. 133

willigkeit bietet der Jungfrau die Möglichkeit, voll in ihrem Selbstverständnis zu leben und sich sicher und geborgen zu fühlen.

Dabei sollte jedoch der Krebs-Partner die Jungfrau möglichst nicht in Unsicherheit versetzen, da sie sonst in neutrale Kühle und Pedanterie flüchtet und Sicherheit im Detail sucht. Um zu kompensieren, erzeugt die Jungfrau gern bei anderen Unsicherheit.

Jungfrau und Löwe

Das Entwicklungsstadium Jungfrau folgt im Tierkreis auf das Stadium des Löwen. Die Jungfrau ist die Reaktion auf den Löwen. Aus Unbefangenheit wird Umsicht. Die Tierkreisentwicklung schwenkt in eine gegenläufige Bewegung ein. So sind sich diese aufeinanderfolgenden Zeichen gegenseitig unbegreiflich, weil sich ihr Kontrast noch zu direkt aufeinander bezieht.

Die Erfahrungen, die ein Löwe in seinem Leben erst machen muß, liegen in der Jungfrau als unterbewußter Erfahrungswert bereits vor. Wenn der Löwe noch in vollem Selbstverständnis in das Leben brüllt, kennt die Jungfrau bereits das Echo.

Das bleibt für das Verhalten der Jungfrau nicht ohne Folgerungen. Ihr Verhaltensinstrumentarium ist darauf geeicht, sich der Umwelt zu versichern, sich die Umweltbedingungen bewußt zu machen, und den Impuls und seine Auswirkung auszumessen. Sie sucht den Ausgleich zwischen Eigenart und Umweltbedingungen zu finden.

Dieses fast seismographische Aussteuerungsverhalten der Jungfrau führt zu Eigenschaften, die dem Leben im täglichen Zusammensein oder auch in der Verfolgung gemeinsamer Interessen nicht behagen können. Eine Jungfrau vermag sich gegenüber den Lebensbedingungen seelisch auszusteuern, ist darauf angelegt, Lebensbedingungen ökonomisch zu nutzen, nachdem sie, durch ihr Lebensgefühl geschult, Situationen fast pedantisch genau analysiert. Die Verhaltenheit ihrer Reaktion, ihre Distanz und bisweilen auch Skepsis, die im Verhalten deutlich werden, stellen einen wirklichen Kontrast zum Lebensgefühl des Löwen dar.

Der Löwe, noch in den seelischen Flegeljahren des Tierkreises,

Astrolab aus Indien um 1610, Vorderseite (rechts) und Rückseite (links)

will das Leben unmittelbar spüren, mitten in das Leben hineinspringen und im unmittelbaren Handeln sich selbst spüren. Ihm ist die Jungfrau zu akkurat, zu umsichtig.

Der Löwe ist die reine Aktion, und neue Interessenreize, die ihm neue Aktionen garantieren, hindern ihn vielfach daran, Erworbenes erst auszunutzen. Denn das Handeln hält ihn im Gleichgewicht des Selbstgefühls, gibt ihm Sicherheitsgefühl.

So fehlt der Jungfrau die Ruhe, die Zeit für Nutzung und Umsicht, und ihre Seismographie wird mehr als einmal erschüttert. Sie fühlt sich durch den Löwen in Situationen hineingezogen, die ihrem Verhaltensmodus nicht entsprechen. Sie wird dann unsicher, geht auf Distanz und kompensiert ihre Unsicherheit dann damit, daß sie beim Löwen Unsicherheit erzeugt. Mit ihrer Fähigkeit, Situationen zu analysieren und Details zu präzisieren, kann sie Emotionen und Impulse in knapper Sachlichkeit im Keim ersticken, also die spontane Handlungsfähigkeit des Löwen lähmen, der ja für sein Handeln keine andere Begründung braucht, als das Handeln selbst.

Beide werden sich also im Endeffekt und auf die Dauer an ihrem Leben bzw. Lebensgefühl hindern. Die Jungfrau fühlt sich

Einem Kind wird das Horoskop gestellt, römisches Relief aus dem zweiten Jahrhundert nach Christus im Detail

Die astrologischen Elemente des Horoskops, Holzschnitt von Erhard Schön zu einem Kalender von 1515

dabei vielfach überlegen. Der Löwe ist ihr zu unklug, zu direkt und vielleicht auch zu einfach. Sie lächelt, wenngleich sie mitunter nicht wenig verblüfft ist, welche Ergebnisse der Löwe erzielt, läßt man ihn im Element seiner Verhaltensanlagen leben. Fazit: Vom

Verhaltensmodus beider aus gesehen sind nicht gerade die besten Voraussetzungen gegeben.

Jungfrau und Jungfrau

Treffen zwei gleiche Verhaltensweisen in einer Verbindung aufeinander, so wird wohl der Geburtsstunde, also dem Aszendenten bzw. der Anlage-Qualität, besondere Bedeutung zukommen. Im allgemeinen aber dürfte sich die gleiche Modalität der Ausdrucksweise, die gleiche Art der Lebensbewältigung eher ausschließen. Man mag sich zwar in der Reaktion auf die Umwelt sowie in der Handlungsweise gegenseitig vertraut sein, jedoch mehr im Sinne einer Spiegelung als in Ausgleich und Ergänzung. Man fühlt sich auf die Dauer durch die partnerschaftliche Gleichartigkeit des Verhaltens eher gestört, irritiert oder sogar beengt. Dieses Problem tritt bei Verbindungen aus dem gleichen Sonnenzeichen in mehr oder weniger deutlicher Form immer wieder auf, scheint jedoch bei Jungfrau-Verbindungen grundsätzlich zu sein. Die Jungfrau ist auf den Andersgearteten mehr als jedes andere Zeichen angewiesen. Sie braucht für ihren Verhaltens-Prozeß Richtung und Aufgabe, Inhalte, die sie koordinieren kann, da sich sonst ihre Standortunruhe, ihre Unsicherheit verstärkt. Es besteht also die Gefahr, in gegenseitig übersteigerter Lebens- und Vorsorgeängstlichkeit zu ersticken und sich in kritischer Unruhe und analytischen Grübeleien zu verlieren. Auch im Verbrauch von äußeren Anreizen dürfte man sich mehr Konkurrenz sein, statt gegenseitiges Einverständnis zu erreichen.

Die Jungfrau-Jungfrau-Verbindung ist also nicht unbedingt empfehlenswert. Selbstverständlich kann hier die Anlage, im Signum des Aszendenten, ausgleichen oder gar fördern.

Jungfrau und Waage

Jungfrau und Waage ähneln sich zwar im Standort, aber ihre Interessenrichtungen gehen auseinander. Sie stehen mit dem Rücken zueinander und blicken in verschiedene Richtungen. Beide beschäftigen sich mit der Umwelt, sind in ihrem Verhalten auf die Vorgänge in der Umwelt ausgerichtet. Während es aber

Die sieben Planeten als Herren der sieben Wochentage, Holzschnitt aus einem englischen Kalender von 1503

der Jungfrau um den Frieden mit den Umweltbedingungen und das angemessene Verhalten geht, will die Waage die Umwelt selbst in Ausgleich und Harmonie bringen. Das Repertoire an Verhaltenseigenschaften ist deshalb bei beiden denkbar verschieden.

Das fängt schon damit an, daß die Jungfrau einer Waage seelisch zu schwerfällig, zu erdig erscheint. Sie grübelt ihr zu sehr, ist ihr zu bedenklich, zu umsichtig und vorsichtig. Am meisten

könnte sie die Skepsis stören, wenn sie in Mißtrauen umschlägt. Hinzu kommen die Verhaltenheit und die Grundsätzlichkeit der Jungfrau, die einer Waage weniger entsprechen dürften. Die Waage ist mehr der heiteren Seite des Lebens zugetan, ist gerne unbeschwert. Und weil sie durch die Vorgänge in der Umwelt in starkem Maße herausgereizt und beschäftigt wird, kommt sie kaum selbst zu grundsätzlichem und entschiedenem Handeln. Sie ist eher geneigt, hier Verschiedenes leicht zu nehmen, denn ihre Impulse erschöpfen sich in präzisen Denkvorgängen, Ideen und Planspielen.

Es zeigen sich also Mentalitätsunterschiede, die im alltäglichen Leben schon zu Buche schlagen können. Was dennoch ergänzend wirkt, ist die Verbindung von wohldurchdachtem Handeln der Jungfrau und der diplomatischen Strategie der Waage. Die harmonisierenden Elemente dürften dabei mehr zum Zuge kommen, wenn die Waage der weibliche Teil der Verbindung ist. Woran es beiden aber gemeinsam mangelt, das ist die Lust zur Entscheidung.

Der Mensch im kosmischen Kreuz der Elemente Feuer (Sonne), Wasser, Erde und Luft (Mond), Holzschnitt von Hans Weiditz, Augsburg 1532

Jungfrau und Skorpion

Treffen Skorpion und Jungfrau zusammen, so entsteht auf Anhieb eine gegenseitige Faszination. Die Verhaltensweisen beider entsprechen einander so sehr, daß selbst bei einem ausschließenden Aszendenten immer noch ein Rest an Möglichkeit aufblitzt.

Zunächst geht es um die Herausforderung. »Hier steh ich und kann nicht anders«, sagte Martin Luther stellvertretend für alle

Skorpione. Das ist genau die Situation, auf die eine Jungfrau wartet. Zu ihrem Vergnügen kommt hinzu, daß sich ein Skorpion nicht unbedingt bemüßigt fühlt, sich der Umwelt oder überhaupt dem Leben mitzuteilen. Die Jungfrau findet hier ein weites Feld, ihrem Verhaltensinstrumentarium Aufgabe und Richtung zu geben. Sie ist fähig, die Eigenwilligkeit eines Skorpions gegen das Leben auszugleichen, ihn zu artikulieren. Seine Prinzipien, seine Würde oder Eigenart kommen dabei nicht zu Schaden, denn die Jungfrau regelt oder verändert nicht, sie stellt nur ihr Verhalten zur Verfügung. Man kann sich durch sie selbst interpretieren.

Die Sternenheerführer, altchinesische Darstellung

Dieser vollständige Umsatz ihrer aussteuernden Verhaltensanlagen bringt der Jungfrau Selbstverständnis, Sicherheit und Ausgewogenheit. Es ist dies der Boden, auf dem sie ihre besten Eigenschaften entwickeln kann. Umgekehrt fühlt sich der Skorpion aus der Isolation geholt, die bei ihm nur zu leicht durch leitbildhaftes oder zu prinzipielles Handeln entsteht. Er fühlt sich ausgesprochen.

Bei dieser Übereinkunft der Verhaltensgrundlagen dürften sich auch die einzelnen Modalitäten und Eigenschaften entsprechen.

Mittelalterliche Weltvorstellung nach Nikolaus von Cusa, Holzschnitt um 1530

Die Verbindung wäre also, zumindest als Ausgangsbasis, empfehlenswert.

Jungfrau und Schütze

Eine Verbindung von Schütze und Jungfrau birgt viele und auch vielschichtige Probleme. Beide sind in astrologischer Terminologie sogenannte Funktionszeichen entgegengesetzter Richtung.

Die Jungfrau ist die Reaktionsfolge auf den subjektiven Lebenstrieb des Löwen. Sie will das Eigenleben bewußt und damit lebensfähig machen, das harte Aufeinandertreffen mit den Umweltbedingungen ausgleichen. Hingegen ist der Schütze eine Reaktionsfolge auf die Überwindung des Eigenlebens, die sich im Skorpion zugunsten außerpersönlicher Leitbilder, Bedürfnisse

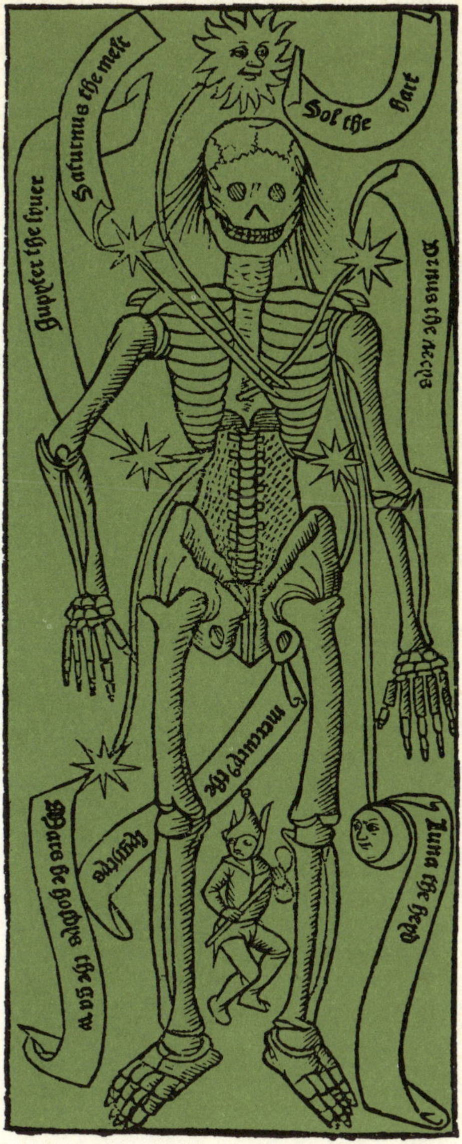

Astrologische Zuordnung der menschlichen Organe zu den Planeten, Holzschnitt aus einem englischen Kalender von 1503

Das Verhältnis der Tierkreiszeichen zueinander, Darstellung von 1624

und Notwendigkeiten vollzieht. Der Schütze ist also, dank der Vorarbeit des Skorpions, offen für die Welt.

Die Verhaltenseigenschaften beider Zeichen sind damit dementsprechend diametral ausgerichtet. Bei der Jungfrau die Verhaltenheit, die bewußte Disziplinierung und Zurückhaltung, die angemessene Beziehung zur Umwelt, beim Schützen der expansiv-schwärmerische Zug, das Aufnehmen von Eindrücken und Einsichten, bisweilen bis zur geistigen Ausschweifung. Selbst wenn die Anlagen im Zeichen des Aszendenten bzw. der Geburtsstunde eine harmonische und ergänzende Übereinstimmung als Möglichkeit aufweisen, wird doch die Verschiedenheit des realen Verhaltens immer wieder Störungen hervorrufen.

Jungfrau und Steinbock

Nach alten astrologischen Überlieferungen ist eine Verbindung von Jungfrau und Steinbock harmonisch. Soweit sich das auf die täglich aufeinandertreffenden Verhaltenseigenschaften sowie auf das Grundgefühl dem Leben gegenüber bezieht, ist dem auch heute noch zuzustimmen.

Arabische Tierkreisdarstellung mit den zwölf Gestalten der Sternbilder, Götterbilder und Tiersymbole sowie den sieben Gottheiten der Planeten. In der Mitte der Schicksalsvogel

Beide Zeichen sind Erdzeichen, auf die Bewältigung, Koordinierung und Disziplinierung des Lebens ausgerichtet. Das vermittelt eine ähnlich gelagerte Grundmentalität, aus der eine Übereinstimmung im Verhaltensmodus folgert. Man wird sich also nicht in den Haaren liegen, wenn es um die Einrichtung der Wohnung geht. Auch in anderen Fragen des praktischen Lebens dürfte es kaum ernsthafte Differenzen geben. Man verliert sich auch nicht in verschiedene Interessenrichtungen, sondern hat gemeinsame Ziele, gemeinsame Freuden und durchaus gleichartige Wünsche. So bleibt auch der äußere Erfolg nicht aus; man bildet eine gefestigte und gesicherte Ordnungszelle des Lebens.

Das Problem solcher Verbindungen mit kampfloser Übereinstimmung beginnt meist erst später. Man ist sich zuwenig Herausforderung und Infragestellung, zuwenig Korrektur und zuviel Bestätigung. So liegt die Gefahr darin, daß man sich gemeinsam von der Wirklichkeit, von der Umwelt entfernt und in ein unechtes und dann selbstgerechtes Verhältnis zur Umwelt und zum Leben gerät. Kein Problem übrigens, das sich nicht lösen ließe. Schon die Kinder werden die Verbindung zum Leben und die Auseinandersetzung damit wieder herstellen.

Jungfrau und Wassermann

Laut astrologischer Einsicht dürften sich, jedenfalls dem Geburtstag nach, Jungfrau und Wassermann kaum verstehen. Sie haben so wenig Verständnis füreinander, daß es noch nicht einmal zur Ignoranz reicht. Nun gibt es allerdings im Spiel der Planeten noch mehr Kräfte, die zu Gunsten oder zu Ungunsten einer Verbindung aussagen und deshalb eine Beziehung zwischen Jungfrau und Wassermann durchaus aufleben lassen können. Dennoch ist aber nicht zu übersehen, daß der Geburtstag allein, also der bloße Sonnenstand, im Signum des Verhaltens steht. Das Verhalten ist es nämlich, das die Verbindung mit der Umwelt herstellt und sich möglicherweise täglich mit ihr konfrontiert.

Der Wassermann ist seinem Selbstverständnis nach ein Zentrumsflüchter. Als das dritte Luftzeichen führt der Wassermann den Menschen aus der Dualität, hebt ihn gleich einem Vogel über Zentren empor und läßt ihn überregionale Zusammenhänge ahnen. Inzwischen steht die Jungfrau mit beiden Beinen auf der Erde und ist gerade damit beschäftigt, ein angemessenes Verhältnis zur Realität herzustellen. In partnerschaftlicher Verbindung würden sich beide also stören, in ihrem jeweiligen Selbstverständnis und damit im Sicherheitsrevier ihrer Anlagen leben zu können. Realität kann dort, wo sie nicht hingehört, genauso schädlich sein wie Utopie.

Ähnlich konträr wie das Grundgefühl des Erlebens ist bei bei-

Die zwölf Zeichen des Tierkreises auf israelischen Briefmarken

den auch das Verhalten mit seinen einzelnen Eigenschaften. Bestimmend ist in jedem Falle, daß der Wassermann die unüberschaubare Weite des Himmels braucht. Dorthin wird er bei Verunsicherung immer flüchten. Die Jungfrau braucht das überschaubare Revier. Sie wird es bei Verunsicherung nie verlassen.

Jungfrau und Fische

Jungfrau und Fisch sind Zeichen, die einander gegenüberliegen. Für sie gilt also der Satz von der gegensätzlichen Ähnlichkeit. Beide sitzen sozusagen am gleichen Hebel, nur eben an entgegengesetzten Enden. Im Grunde sind sie beide füreinander ausgleichende und korrigierende Medizin. So wie die einzelnen Zeichen in gegenseitiger Kombination verschiedene Kräfte wachrufen und mobilisieren, so befruchten sich Fisch und Jungfrau gegenseitig im Denken. Die Jungfrau lebt und verhält sich so, wie der Fisch denkt. Umgekehrt kommt das Verhalten des Fisches den Denkzielen der Jungfrau entgegen.

In Anschauungen, Charakterisierungen und Beurteilungen versteht man sich fast nahtlos. Problematisch wird es erst, wenn die Verhaltensweisen allein aufeinandertreffen. Die Jungfrau sucht in ihrem Partner nicht zuletzt Koordination, Grenzen – kurzum, einen Revierhalter. Der überschaubare Bereich, die feststellbaren Einzelheiten vermitteln ihr sicheres Lebensgefühl. Dagegen ist der Fisch keineswegs ein Revierhalter. Er setzt niemandem, weder sich noch dem Partner, Grenzen. Er blickt auf das Selbstverständnis des anderen und läßt es gewähren. Er läßt seinen Partner durchaus und wortlos ins Unrecht laufen. Was nicht aus dem eigenen Selbstverständnis kommt, was von außen erzwungen wird, ist für ihn nichts wert. Bei ihm muß der Partner von selbst seine Grenzen finden. Fühlt er sich ins Unrecht gesetzt, verletzt oder verunsichert, so greift er zu seinem Schutzmittel: Er vernebelt sich, löst seine Konturen auf, wird ungreifbar.

Diese Diskrepanz im Urinstinkt kann schließlich zu einer Gefährdung der Verbindung von Jungfrau und Fisch werden. Die Überschaubarkeit ihres Bereichs, den die Jungfrau braucht, die Genauigkeit, Sorgfalt und Grundsätzlichkeit im täglichen Leben heißt für den Fisch, selbst überschaubar, unbeweglich und damit

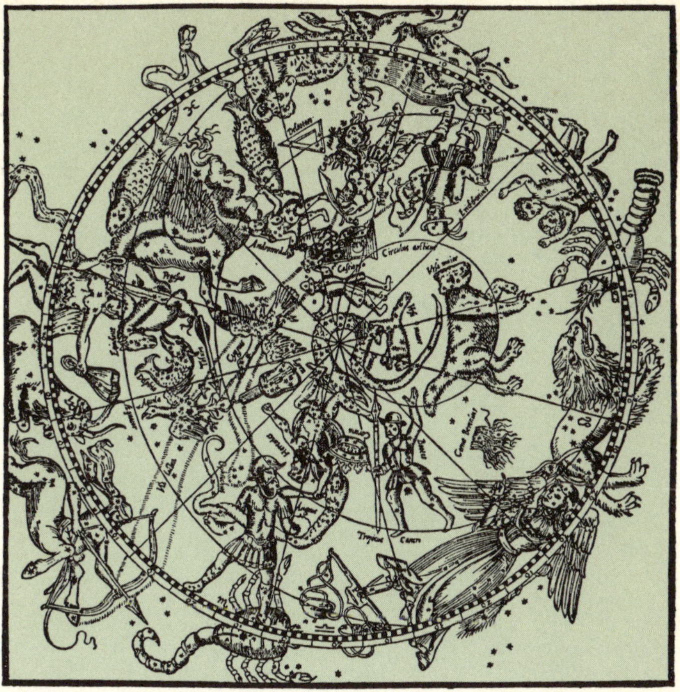

Sternbildkarte von Adam Gefugius 1565

verletzlich und vom Fluchtrevier abgeschnitten zu sein. Kann aber die Jungfrau ihren Partner nicht mehr greifen, verfällt sie in Unsicherheit, ja Panik und flüchtet selbstverständlich in ihr Sicherheitsverhalten. Sie will dann noch mehr festlegen, anklammern, verfestigen. Hier steigen dann Mißverständnisse auf, die eine grundsätzliche Entfremdung herbeiführen, wenn sie nicht bewußt gemacht werden.

Altchinesische Tierkreisdarstellung

Die Jungfrau in den zwölf Häusern

Trotz der gleichen Verhaltensgrundlage ist nicht Jungfrau gleich Jungfrau; das wissen Sie selbst. Wir wollen Sie deshalb noch ein Stückchen näher an Ihren astrologischen Platz heranführen. Eine allgemeine Kurzcharakteristik soll Sie mit den zwölf Zeitstationen des Tages vertraut machen. Diese Stationen der astrologischen Häuser entsprechen in etwa auch den Stationen der Tierkreiszeichen.

Wir haben die jeweiligen Stationen vereinfacht in einem Baukastensystem mit Element-Formeln dargestellt, damit das Ganze leicht verständlich und mühelos nachvollziehbar ist.

Selbstverständlich kann es sich dabei nur um ein stark reduziertes Grundschema handeln, denn zu einer grundsätzlichen Deutung gehört ja auch die Einbeziehung der Planeten; und die sind selbst dann bei jedem Menschen anders über den Tierkreis verteilt, wenn die Übereinstimmung in der jeweiligen Tages-Station der Sonne gegeben ist.

Aber schon eine Übereinstimmung in der Tages-Station der Sonne läßt ein Grundbild erkennen. Wir teilen nach der Methode der Münchner Rhythmenlehre folgendermaßen ein:

Aszendent:
Das Zeichen, das am Aszendenten steht, ergibt sich aus der Geburtsstunde. Sie können das unseren Schema-Horoskopen jeweils entnehmen oder auch nach den Tabellen auf Seite 107–112 errechnen.

Das Zeichen am Aszendenten stellt die Anlagen dar, es umreißt die Möglichkeiten zur Erlebnisform. Diese Anlagen sind, wie im Märchen, noch unbeweglich, unlebendig und unerlöst.

Sonne:
Sie finden die Sonne in ihrer jeweiligen Tages-Station, sprich Haus, entsprechend Ihrer Geburtsstunde in unseren Schema-Horoskopen.

Die Sonne zeigt das Verhalten, das die noch unlebendigen Anlagen zum Leben erweckt. Die Sonne umreißt die Ebene, auf der sich das Leben vollzieht. Es ist der Aufgabenweg, der beschritten werden muß, um erlöst zu werden.

Aber: Die Sonne kann immer nur das zum Leben erwecken,

was als Anlage im Zeichen des Aszendenten gegeben ist. Dazu sucht sich dann das Verhalten die notwendigen Lebenssituationen einschließlich aller Umwege.

Nachfolgend dazu ein Schema-Beispiel:

Leo Graf Tolstoi, geboren am 9. September 1828 zwischen 8^{30}–11^{00} in Tula.

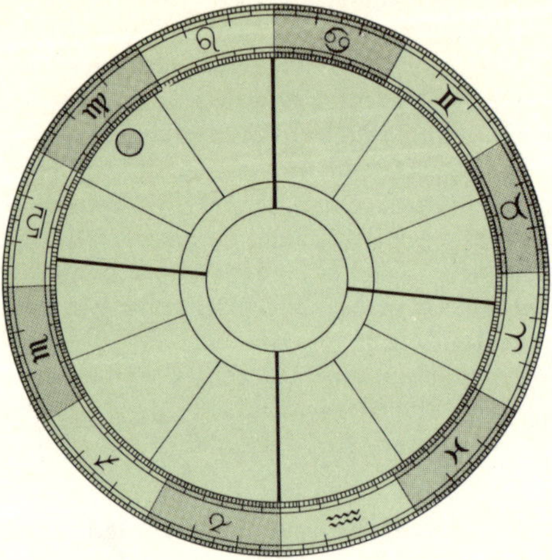

Zuständig ist also das Horoskopschema auf Seite 102–103, auf dessen linker Seite Sie den Aszendenten Waage sehen, während die Sonne im 11. Haus ist.

Der Aszendent steht also im Zeichen Waage. Nun können Sie auf Seite 93 bei den Entwicklungsstadien über die 7. Phase (Waage bzw. Haus 7) nachlesen. Sie finden als Merkmal die »ideelle Herausforderbarkeit und Herausreizbarkeit«, die »Hingabe an Ideen«, den »Drang nach Ausgleich und Harmonie« in der Umwelt. Hierdurch wird die Anlage markiert.

Diese Anlage wird nun auf die Art und Weise »zum Leben erweckt«, wie es die Sonnenstation – als Zeichen des Verhaltens – zuläßt.

Wir lesen also den Text der 11. Phase (Wassermann bzw. Haus 11) und finden im Sinne der Verhaltenstätigkeit:

»Man kann Dualität seelisch nicht mehr verarbeiten, Zentren werden gemieden, Unterschiede neutralisiert, Grenzen aufgehoben«. Das sind »alle Anlagen, die geeignet sind, sich zu lösen, sich zu befreien« und »Unabhängigkeit von der Vernunft mit entsprechendem Ideenreichtum«.

Nachdem für diese Verhaltenstätigkeit nichts anderes zur Verfügung steht als »ideelle Herausreizbarkeit«, werden die sozialrevolutionären Ideen, die theologisch-polemischen Auseinandersetzungen Tolstois deutlich charakterisiert.

Da die Sonne dabei im Zeichen Jungfrau steht, zeigt sich zugleich die Artikulierung, Beschreibung, allerdings auch der Widerstreit der »Unvernunft« des 11. Hauses mit der »Vernunft« der Jungfrau.

Daß dies bei Tolstoi auf so bedeutende und maßstäbliche Art geschah, liegt daran, daß der Planet Venus, der zum Zeichen des Aszendenten Waage gehört, in der 10. Phase oder im 10. Haus steht. Er umreißt die Waage-Anlage als »maßstäblich über die eigene Person hinaus«.

Aszendent

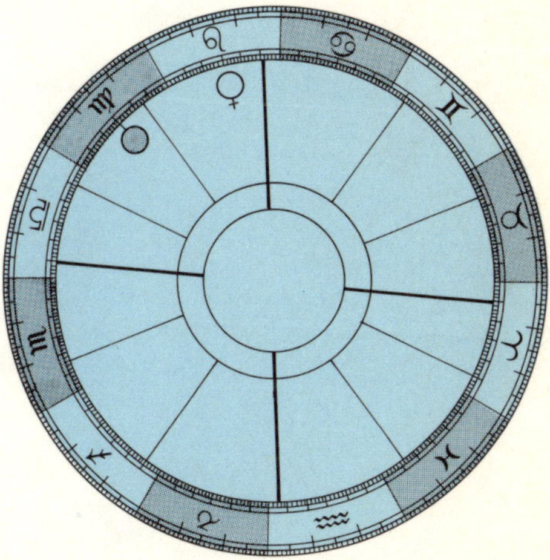

Sollten Sie ein individuelles Horoskop besitzen und somit die Möglichkeit haben, weiter unter Einbeziehung der Planeten strukturbasteln zu können, seien hier die Planeten genannt, die zum jeweiligen Aszendentenzeichen gehören:

Mars	♂	zum Aszendenten Widder =	♈
Venus	♀	zum Aszendenten Stier =	♉
		und zum Aszendenten Waage =	♎
Merkur	☿	zum Aszendenten Zwillinge =	♊
		und zum Aszendenten Jungfrau =	♍
Mond	☽	zum Aszendenten Krebs =	♋
Sonne	☉	zum Aszendenten Löwe =	♌
Pluto	♇	zum Aszendenten Skorpion =	♏
Jupiter	♃	zum Aszendenten Schütze =	♐
Saturn	♄	zum Aszendenten Steinbock =	♑
Uranus	♅	zum Aszendenten Wassermann =	♒
Neptun	♆	zum Aszendenten Fische =	♓

Um Irrtümern vorzubeugen: Das Horoskop macht oder beeinflußt nicht die Anlagen bzw. das Verhalten, sondern ist vielmehr ein Anlagemodell, ein Gleichnis.

1. Haus:

Alle Anlagen, die in den sichtbaren Bereich treten. Der Trieb, sich in der konkreten Welt durchzusetzen. Die Durchsetzung des eigenen Selbstverständnisses. Man hat sich selbst am nötigsten.

Geburtszeit: etwa 4^{30}–5^{30}
Sonne Haus 1 – anfangs: Aszendent Jungfrau
später: Aszendent Löwe

Aszendent

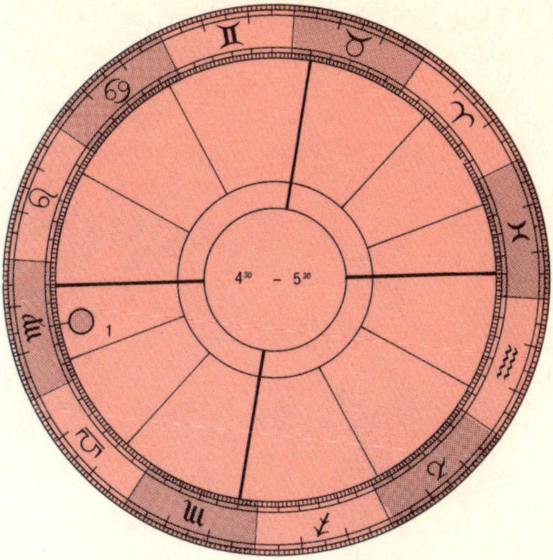

Beispiel:
Sonne Haus 1: Aszendent Jungfrau: Agatha Christie

Jungfrau-Sonne Haus 1

Das Jungfrau-Verhalten drängt die Anlagen zur Durchsetzung der eigenen Person. Also: Selbstdurchsetzung durch Wahrnehmung, Nutzung von Möglichkeiten.

Zur Verfügung stehen:

a) Anlage Aszendent Löwe (siehe auch S. 91): Das ist die seelische Verausgabung, der unmittelbare Lebenstrieb, die Lebenskraft, der Gestaltungsdrang, die man (und durch die man sich) im konkret sichtbaren Bereich durchsetzt. Man wird als Person Symbol für Durchsetzung durch umsichtige Wahrnehmung der Lebensbedingungen und Nutzungsmöglichkeiten.

b) Anlage Aszendent Jungfrau (siehe auch Seite 92): Die Beobachtung und Wahrnehmung der Lebensbedingungen als Vorsorge zur Sicherung des Lebens, die man (und durch die man sich) im konkret sichtbaren Bereich durchsetzt. Man wird als Person Symbol für Durchsetzung durch umsichtige Wahrnehmung der Lebensbedingungen und Nutzungsmöglichkeiten.

Notizen zu Agatha Christie

Agatha Christie, geboren am 15. September 1890 in Torgnay/England, wurde weltbekannt als Kriminalschriftstellerin. Eine ihrer Hauptfiguren ist der Meisterdetektiv Hercule Poirot, der seine Fälle in der Ruhe der Überlegung nur mit Hilfe seiner ›kleinen grauen Zellen‹ löst.

Für Agatha Christie geht es hier um ein ›Appetenz-Verhalten‹. Sie baut sich in ihren Geschichten Situationen auf, in denen sie die Urrudimente des Jungfrau-Verhaltens direkt ausleben kann, nämlich das Untersuchen und Aufdecken von Bedrohungen im Lebensrevier. Ein Vorgang, der als Reizsituation viele Leser anspricht, da Reste eines solchen urrudimentären Sicherheitsverhaltens wohl noch in jedem vorhanden sind.

2. Haus:

Man ordnet sich im sichtbaren Bereich und grenzt ab, um aus dem Durchgesetzten einen Bestand zu machen. Als Folgeerscheinung setzt sich eine planmäßige, konkrete Lebensordnung fest.

Geburtszeit: etwa 2^{30}–4^{30}
Sonne Haus 2 – Aszendent Löwe

Aszendent

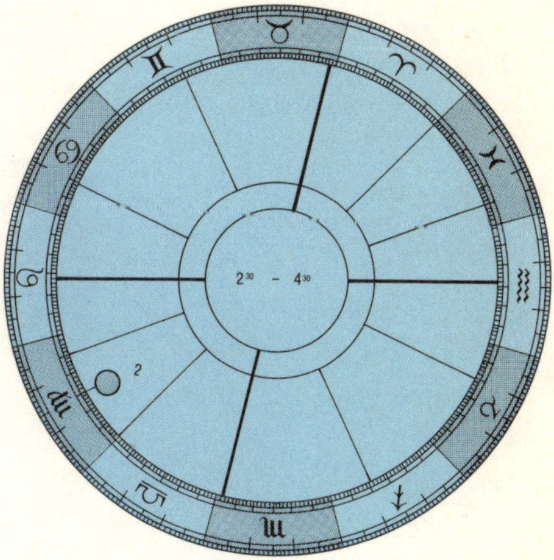

Jungfrau-Sonne Haus 2

Das Jungfrau-Verhalten drängt die Anlagen zur Verankerung und Sicherung im Sozialgefüge, zur planmäßigen konkreten Lebensordnung. Also: Selbstsicherung und Verankerung im Sozialgefüge durch Wahrnehmung, Beobachtung und Nutzung der Bedingungen.

Zur Verfügung steht:
Anlage Aszendent Löwe (siehe auch S. 91): Das ist der Lebens- und Ausdruckstrieb, die Lebenskraft, der Gestaltungsdrang, die man (und durch die man sich) im herrschenden Sozialgefüge sichert und darstellt.

3. Haus:

Nachdem man sich angesiedelt und in seiner Ordnung gefunden hat, sucht man Verbindung zur umliegenden realen Welt. Es sind dies alle Anlagen, die konkret in der Umwelt wirksam werden, alle Funktionen, die man braucht, um sich in der sichtbaren Welt zu bewegen: Bewegung, Wort, Sprache als Konkretes.

Geburtszeit: etwa 0^{30}–2^{30}
Sonne Haus 3 – anfangs: Aszendent Krebs
später: Aszendent Löwe

Aszendent

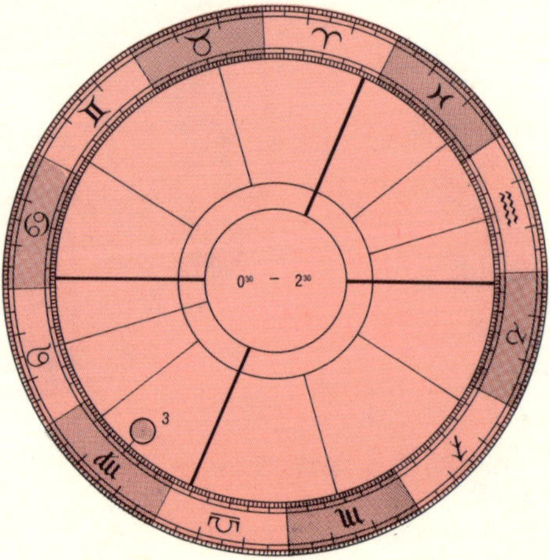

Beispiel:
Sonne Haus 3: Aszendent Krebs: Käthe Kruse, König Ludwig II. von Bayern

Käthe Kruse

Jungfrau-Sonne Haus 3

Das Jungfrau-Verhalten drängt die Anlagen in die Repräsentation, in die konkrete Darstellung. Also: Darstellung und Repräsentation.

Zur Verfügung stehen:

a) Anlage Aszendent Krebs (siehe auch S. 89): Die Empfindung, die Besinnung auf das Wesentliche, auf innere und inhaltliche Zusammenhänge, auf das Wesen der Dinge und des Lebens, die man (und durch die man sich) darstellt, artikuliert, repräsentiert und der Umwelt vermittelt.

b) Anlage Aszendent Löwe (siehe auch S. 91): Die seelische Verausgabung, der unmittelbare Lebenstrieb und die Lebenskraft,

König Ludwig II. von Bayern

der Gestaltungsdrang, die man (und durch die man sich) darstellt, repräsentiert und der Umwelt vermittelt.

Notizen zu Käthe Kruse

Käthe Kruse wurde am 17. 9. 1883 bei Breslau geboren. Sie ist Schöpferin der weltbekannten Käthe Kruse-Puppen, die für zahllose Kinder seit drei Generationen Spielzeug wurden. Sie schrieb eine Selbstbiographie: »Das große Puppenspiel«.

Notizen zu Ludwig II.

Der bayerische Märchenkönig Ludwig II. wurde am 25. 8. 1845 auf Schloß Schwanstein geboren. Er förderte in besonderem Maße Richard Wagner und dessen Musik. Der Tradition seiner Familie folgend, widmete er sich vornehmlich der Baukunst und errichtete mehrere Schlösser im Voralpenland, die dem neuromantischen Stil seiner Zeit entsprechen. Diese beiden großen Ambitionen des Königs, verbunden mit einer ständig zunehmenden Gemütsverdüsterung, verfremdeten ihn mit dem bayerischen Kabinett, was zur Einleitung seiner Absetzung führte, die jedoch durch seinen mysteriösen Tod nicht mehr ausgeführt wurde.

4. Haus:

Die ›räumliche‹ Funktion hat die strukturell zur Verfügung stehenden Grenzen erreicht. Eine Weiterentwicklung ist nicht mehr möglich. Das wird als Krise empfunden. Also: Selbstbesinnung. Man bringt sich in Erfahrung. Die Seele konstituiert sich, bringt sich in Form, in ›Anwesenheit‹, und läßt sich in einer Form nieder. Das Wohnen, die Wohngemeinschaft als Seelisches. Das Wesen der Dinge begreifen.

Mit dem 4. Haus wird der Sektor verlassen, in dem es nur um die sichtbare Manifestierung geht.

Geburtszeit: etwa 23^{15}–0^{30}
Sonne Haus 4 – anfangs: Aszendent Zwillinge
später: Aszendent Krebs

Aszendent

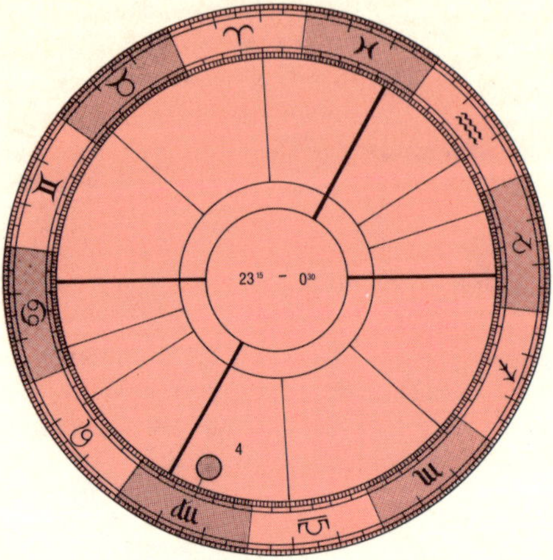

Jungfrau-Sonne Haus 4

Das Jungfrau-Verhalten drängt die Anlagen zur Verinnerlichung. Also: Seelische Entfaltung und Besinnung auf das Wesentliche durch analytische Beobachtung und Untersuchung der Umwelt. Verinnerlichte Vernunft.

Zur Verfügung stehen:

a) Anlage Aszendent Zwillinge (siehe auch S. 86): Die funktionelle Entfaltung, die Erschließung und Beschreibung des Umkreises und der funktionellen Umwelt, die man (und durch die man sich) verinnerlicht, seelisch begründet und in einer eigenständigen Ausdrucksform darstellt.

b) Anlage Aszendent Krebs (siehe auch S. 89): Die Empfindung, die Besinnung auf das Wesentliche, auf innere und inhaltliche Zusammenhänge, auf das Wesen der Dinge und des Lebens, die man (und durch die man sich) verinnerlicht und in einer eigenständigen Ausdrucksform darstellt.

5. Haus:

Aus der Selbstfindung erwächst der Lebens- und Ausdruckstrieb, der sich mitteilen, verausgaben, verbrauchen und unmittelbar leben will.

Geburtszeit: etwa 21^{30}–23^{15}
Sonne Haus 5 – anfangs: Aszendent Stier
später: Aszendent Zwillinge

Aszendent

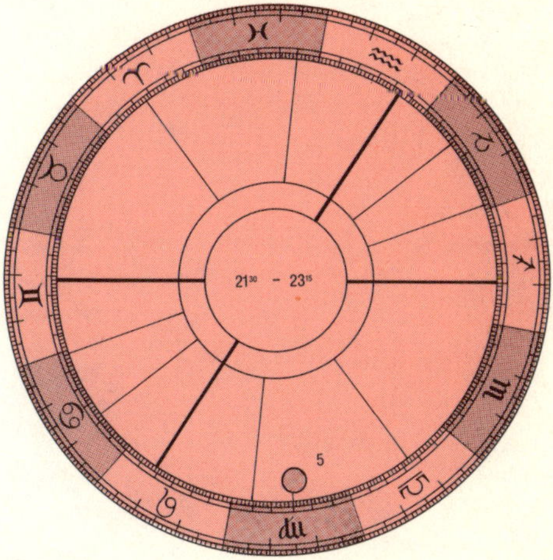

Jungfrau-Sonne Haus 5

Das Jungfrau-Verhalten drängt die Anlagen zur seelischen Verausgabung, zum Trieb, unmittelbar zu leben. Also: schöpferischer und verausgabender Gestaltungstrieb mit den Mitteln des Beschreibens und Analysierens.

Zur Verfügung stehen:
a) Anlage Aszendent Stier (siehe auch S. 85): Das ist die Festi-

gung, die Sicherung und Verankerung im Sozialgefüge, die planmäßige konkrete Lebens- und Sozialordnung, die man (und durch die man sich) gestaltet und ans Leben vermittelt.

b) Anlage Aszendent Zwillinge (siehe auch S. 86): Das ist die funktionelle Entfaltung, die Darstellung im Umkreis, die man (und durch die man sich) vermittelt und ausdrückt.

6. Haus:

Es zeigt sich sehr schnell, daß sich der subjektive Trieb hart im Raum trifft. Folge: Aussteuerung des Lebenstriebes gegenüber den gegebenen Bedingungen, um die Lebensfähigkeit zu erhalten. Betonte Vernunft. Also alle Anlagen, die Lebensbedingungen und Umwelt wahrnehmen und beobachten, untersuchen und sich ihnen gegenüber ›aussteuern‹. Seelisches Kalkül zur Nutzung der Umwelt.

Geburtszeit: etwa 19^{15}–21^{30}
Sonne Haus 6 – anfangs: Aszendent Fische
später: Aszendent Widder
dann: Aszendent Stier

Aszendent

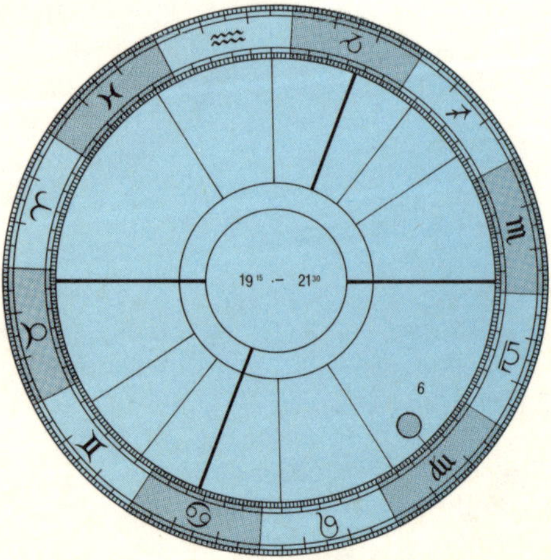

Jungfrau-Sonne Haus 6

Das Jungfrau-Verhalten drängt die Anlagen zur Beobachtung und Wahrnehmung der Umwelt. Also: die Beobachtung und Vergewisserung der Umwelt, um sich ihr gegenüber seelisch auszusteuern, anzupassen und sie ökonomisch zu verwerten und zu nutzen.

Zur Verfügung stehen:

a) Aszendent Fische (siehe auch S. 104): Das ist die Sensibilität und Empfänglichkeit für indirekte Zusammenhänge und Hintergründe des Lebens, die Erlösung von vordergründiger Vernunft und Anpassung, die man (und durch die man sich) gegenüber den Bedingungen der konkreten Welt aussteuern und lebensfähig machen will.

b) Aszendent Widder (siehe auch S. 82): Das ist die energische und aggressive Herausforderung und Infragestellung, die man (und durch die man sich) in der Umwelt wahrnimmt, analysiert und verwertet.

c) Aszendent Stier (siehe auch S. 85): Das ist die Festigung, Sicherung und Verankerung im Sozialgefüge, die planmäßige konkrete Lebensordnung, die man (und durch die man sich) in der Umwelt wahrnimmt, beobachtet, analysiert und verwertet.

7. Haus:

Nun hat man festgestellt, daß es auch noch andere gibt. Man hat sie erstmals bewußt wahrgenommen. Man merkt, es gibt auch andere ›Selbstverständnisse‹. Also: Es kommt zum Erlebnis der echten Begegnung. Die Anlagen: Begegnungsfähigkeit und Herausforderbarkeit. Über eigene Zweckdienlichkeit oder subjektive Triebwünsche hinaus begreift man den anderen in seiner Art. Begegnung, Hingabe (Ideen).

Damit wird der Sektor verlassen, der zur subjektiven (seelischen) Selbstfindung und ihren Folgen gehört.

Geburtszeit: etwa 17^{00}–19^{15}
Sonne Haus 7 – anfangs: Aszendent Wassermann
später: Aszendent Fische

Aszendent

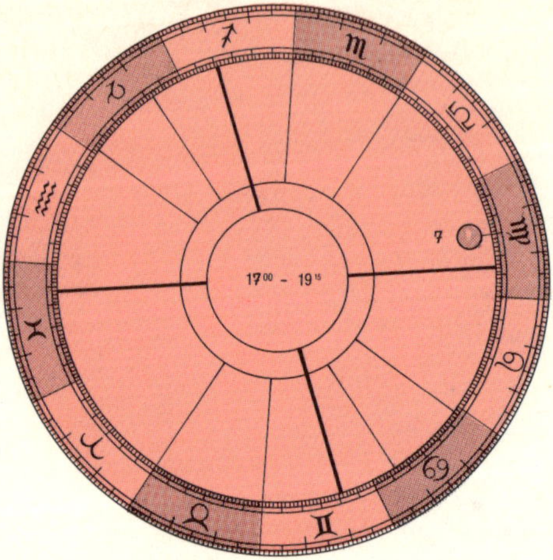

Beispiel:
Sonne Haus 7: Aszendent Wassermann: Ingrid Bergmann
Sonne Haus 7: Aszendent Fische: Charles de Foucould

Jungfrau-Sonne Haus 7

Das Jungfrau-Verhalten drängt die Anlagen dazu, herausforderbar und begegnungsfähig zu werden. Also: Herausforderbarkeit durch Beobachtung und Analyse anderer Selbstverständnisse.

Zur Verfügung stehen:

a) Aszendent Wassermann (siehe auch S. 102): Das ist die Aufhebung von bisherigen Maßstäben, Grenzen, Unterschieden und Traditionen, um sich aus allgemeiner Abhängigkeit herauszuheben und zu befreien, die man (und durch die man sich) artikuliert, ideell ausrichtet und im Leben manifestiert.

b) Aszendent Fische (siehe auch S. 104): Das ist die Sensibilität und Empfänglichkeit für indirekte Zusammenhänge und Hintergründe des Lebens, die Erlösung von vordergründiger Vernunft und Anpassung, die man (und durch die man sich) artikuliert, ideell ausrichtet und im Leben manifestiert.

Notizen zu Ingrid Bergmann

Die Filmschauspielerin Ingrid Bergmann wurde am 29. 8. 1917 in Stockholm geboren. Sie wurde international bekannt. Zu ihren erfolgreichsten Filmen gehört »Wem die Stunde schlägt«.

Notizen zu Charles de Foucould

Charles de Foucould wurde am 15. 9. 1858 in Straßburg geboren. Er war Missionar und lebte zeitweise als Eremit in der Wüste Sahara. Die Orden »Die kleinen Brüder Jesu« und »Die Schwestern Jesu« haben ihn zu ihrem Leitbild gewählt. Foucould richtete sich ideell aus, um sich von vordergründiger Vernunft und Anpassung zu erlösen. Er artikulierte dies in seiner Evangelisation.

8. Haus:

Man hat das Selbstverständnis oder die Notwendigkeit, aus der anderes existiert, erkannt. Also: Bindung und Verpflichtung an die Notwendigkeit des anderen oder an außerpersönliche Vorgänge. Eigentlich der Vorgang, sich an ein anderes Zentrum als das eigene zu verpflichten. Anlagen: Verpflichtungs- und Bindungstreue, ideelles Eintreten für Notwendigkeiten anderer, sich anderem verpflichten bis zu Fanatismus und Vorstellungsgebundenheit.

Geburtszeit: etwa 14^{30}–17^{00}
Sonne Haus 8 – anfangs: Aszendent Schütze
später: Aszendent Steinbock

Aszendent

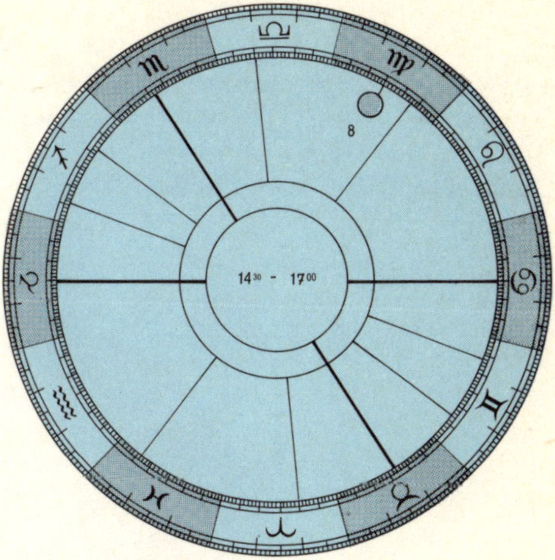

Jungfrau-Sonne Haus 8

Das Jungfrau-Verhalten drängt die Anlagen zur Verpflichtung und Bindung an außerpersönliche Belange und Notwendigkeiten, zu Vorstellungen über anderes Leben. Also: Verpflichtung an außerpersönliche Bedürfnisse mit den Mitteln der methodischen Untersuchung und der Analyse.

Zur Verfügung stehen:
a) Aszendent Schütze (siehe auch S. 98): Das ist die Einsicht und das Verständnis in und für außerpersönliche Bereiche und Funktionen in Zusammenhängen, die man (und durch die man sich) auf der Basis von Untersuchung und Analyse für außerpersönliche Notwendigkeiten und Bedürfnisse einsetzt.

b) Aszendent Steinbock (siehe auch S. 99): Das sind Traditionen, Maßstäbe und übergeordnete Formen, die man (und durch die man sich) auf der Basis von Untersuchung und Analyse für außerpersönliche Notwendigkeiten und Bedürfnisse einsetzt.

9. Haus:

Man ist über sich hinausgewachsen, das zahlt sich jetzt aus. Einsichten werden gewonnen, Zusammenhänge werden klar, das Verständnis wächst. Die Welt wird weit, der unbeengte, unbegrenzte Denkraum weckt Begeisterung. Also: alle Anlagen zur Einsichtsfähigkeit, zum Denken, das sich nicht um die eigenen Belange kümmert.

Geburtszeit: etwa 12^{30}–14^{30}
Sonne Haus 9 – Aszendent Schütze

Aszendent

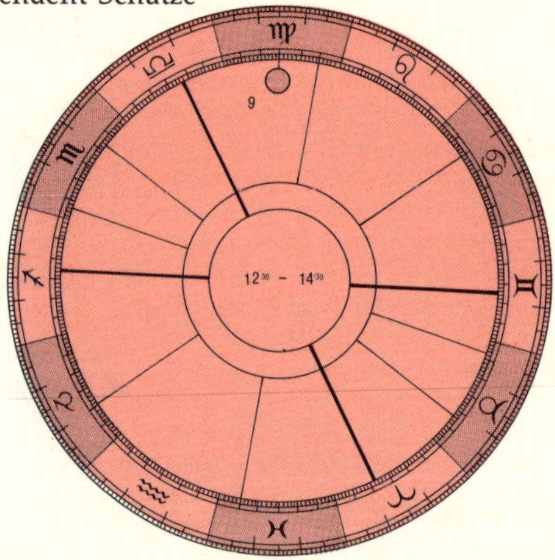

Jungfrau-Sonne Haus 9

Das Jungfrau-Verhalten drängt die Anlagen zur Einsicht und Verständnisfähigkeit für außerpersönliche Zusammenhänge. Also: Einsicht und Verständnisfähigkeit durch untersuchendes und analytisches Erfassen außerpersönlicher Funktionen.

Zur Verfügung steht:
Aszendent Schütze (siehe auch S. 98): Das ist die Einsicht in und das Verständnis für außerpersönliche Bereiche und Belange, in Zusammenhänge, die man (und durch die man sich) im untersuchenden Sinne an außerpersönliche Funktionen verpflichtet und ausrichtet.

10. Haus:

Von Einsichten und Eindrücken überschwemmt, ist die ›Zentrale‹ verwirrt. Also: der Drang nach Stabilisierung, Konzentration, Koordinierung. Das Maßstäbliche wird ›herausprogrammiert‹. Bei soviel überpersönlicher Einsicht muß dies über die eigene Person hinaus maßstäblich verbindlich sein. Die Bedeutung (oder geistige Unterscheidbarkeit), die erlangt wird, ist eine Art Fazit. Also: alle Anlagen, die geeignet sind, zum überpersönlichen Maßstab zu werden.

Mit allen Folgen des Denkens wird der Sektor verlassen, der sich Dualität und Begegnung bewußt macht.

Geburtszeit: etwa 11^{00}–12^{30}
Sonne Haus 10 – Aszendent Skorpion

Aszendent

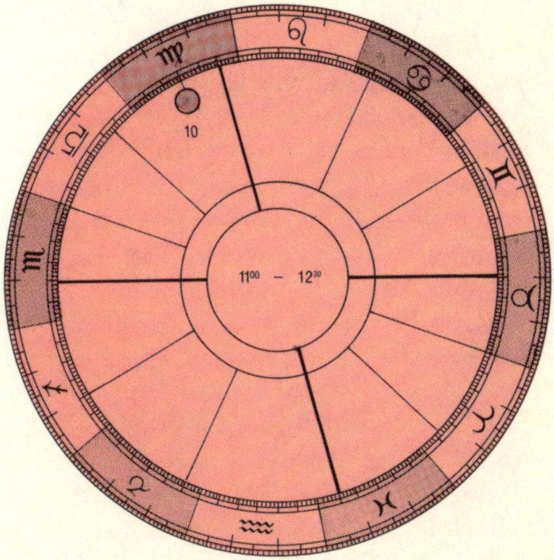

Beispiel:
Sonne Haus 10: Aszendent Skorpion: Eduard Mörike; Johann Wolfgang von Goethe

Jungfrau-Sonne Haus 10

Das Jungfrau-Verhältnis drängt die Anlagen zu formaler Maßstäblichkeit. Also: maßstäblich und verbindlich sein über sich hinaus, im Bereich von Untersuchung, Analyse und Beobachtung von Lebensbedingungen.

Zur Verfügung steht:
Anlage Aszendent Skorpion (siehe auch S. 96–97): Das ist Gebundenheit an außerpersönliche Notwendigkeiten, Leitbilder und Vorstellungen sowie Strukturen, Leitlinien überpersönlicher Natur, die man (und durch die man sich) im Bereich von Untersuchung, Analyse und Beobachtung der Lebensbedingungen zu überpersönlicher Maßstäblichkeit macht.

Notizen zu Johann Wolfgang von Goethe

Johann Wolfgang von Goethe wurde am 28. August 1749 in Frankfurt am Main geboren und starb am 23. 3. 1832 in Weimar. Er studierte Rechtswissenschaften in Leipzig und Straßburg, begegnete dort Herder und den Sturm und Drang-Dichtern Lenz und Klinger. Mit 26 Jahren übersiedelte er nach Weimar und trat dort in den Staatsdienst ein. Mit 33 Jahren wurde er als hoher Staatsbeamter und Freund des Herzogs Carl August geadelt.

Johann Wolfgang von Goethe gilt als bedeutendster deutscher Dichter und als einer der universellsten Denker. Das Edle in der Kunst dient ihm der Läuterung, Höherentwicklung des Menschen, insofern dem auch moralisch Nützlichen. Goethes Dichtung lebt mehr vom Beschreiben der Gefühle, vom Durchdachten als vom ungefilterten Ausdruck. Die Bewußtheit schlägt sich auch in Klarheit und Maß der Form, der Ausgewogenheit der Komposition nieder, die er mit den Musikern, Malern und Schriftstellern seines Zeichens gemeinsam hat.

Johann Wolfgang von Goethe beschäftigte sich auch mit gründlichen naturwissenschaftlichen Studien und Untersuchungen, besonders über Pflanzenphysiologie, Mineralogie, Geologie und Farbenlehre.

Notizen zu Eduard Mörike

Eduard Mörike wurde am 8. September 1804 in Ludwigsburg als Sohn eines Arztes geboren und starb am 4. 6. 1875 in Stuttgart. Er studierte evangelische Theologie und wurde schließlich Pfarrvikar. Wegen seiner Predigt-Scheu und übergroßer Sensibilität fühlte er sich den Alltagspflichten des Pfarramtes nicht gewachsen und – ließ sich mit 37 Jahren pensionieren. Fortan führte er ein einfaches, bisweilen karges Leben.

Eduard Mörike gilt als einer der bedeutendsten Lyriker deutscher Sprache. Sein Sinn für die unverstellte Echtheit des Gefühls war untrüglich. Er litt darunter auch im täglichen Leben bis zur Hypochondrie. Auf sensibelste Weise fing er Stimmungen und Gefühle von Natur und Mensch ein und drückte sie in ruhiger Schönheit, in fast kristallklarer Form aus.

Man wird an die Goethe'sche Formenklarheit sowie an die ruhige, unbewegte, maßvolle Klarheit der Jungfrau-Maler erinnert.

11. Haus:

Solchermaßen überpersönlich ausgerichtet, ist man der Dualität enthoben. Man kann sich mit Einzelnem und allzu Subjektivem nicht mehr identifizieren, man kann Dualität seelisch nicht mehr verarbeiten. Zentren werden gemieden, Unterschiede neutralisiert, Grenzen aufgehoben. Also: alle Anlagen, die geeignet sind, sich aus dem Allgemeinen und aus den Zentren herauszuheben, sich zu lösen und zu befreien sowie der Drang, dies auch zu tun. Unabhängigkeit von der Vernunft mit entsprechendem Ideenreichtum.

Geburtszeit: etwa 8^{30}–11^{00}
Sonne Haus 11 – Aszendent Waage

Aszendent

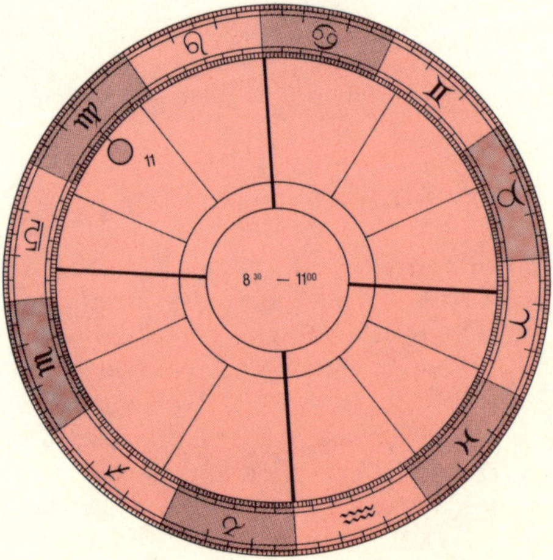

Beispiel:
Sonne Haus 11: Aszendent Waage: Leo N. Tolstoi

Jungfrau-Sonne Haus 11

Das Jungfrau-Verhalten drängt die Anlagen aus der Dualität, aus der Abhängigkeit von bisherigen Grenzen und Maßstäben. Also: Aufhebung von bisherigen Maßstäben und Unterschieden bezüglich der Lebensanpassung und der Vernunft.

Zur Verfügung steht:
Aszendent Waage (siehe auch S. 93): Das ist die ideelle Herausforderbarkeit und Begeisterungsfähigkeit, der Drang nach Außerpersönlichem, zu Begegnung, Ausgleich und Harmonie, die man (und durch die man sich) vom Allgemeinen heraushebt, darstellt und bisherige Maßstäbe dafür aufhebt.

Notizen zu Leo N. Graf Tolstoi

Der russische Dichter und Schriftsteller Leo Nikolajewitsch Tolstoi wurde am 9. September 1828 im Gouvernement Tula geboren und starb am 20. 11. 1910 in Astapovo. Besonders durch seine Romane »Krieg und Frieden« und »Anna Karenina« sowie durch seine Erzählung »Die Kreutzersonate« ist er bis in die Gegenwart international bekannt.

Nach Tolstoi hat die Kunst moralischen Zwecken zu dienen.

Tolstois Leben vollzog sich im Widerspruch zwischen Befreiung und Abhängigkeit vom Leben. Dem Drang nach Sicherung und Vergewisserung des Lebens (Jungfrau) stehen als Anlage ideelle Ziele (Waage) gegenüber, die auf die Aufhebung bisheriger Maßstäbe und Grenzen des Lebens hinzielen. Tolstoi beschäftigte sich zeitlebens mit sozialrevolutionären Ideen, die in spannungsvollem Kontrast zu seinen Lebensverhältnissen stehen. So forderte er u. a. als Vater von 12 Kindern die Enthaltsamkeit in der Ehe, fühlte sich als Ausbeuter, behielt aber sein Gut, und hielt nur Handarbeit für lebensnotwendig, schrieb

aber selbst Romane, Novellen und Dramen. Erst im Alter von 82 Jahren, wenige Tage vor seinem Tod, verließ er seine Angehörigen und sein Gut, um in asketischer Einsamkeit zu leben und die Befreiung zu gewinnen, um die er sein Leben lang gerungen hatte.

12. Haus:

Man hat sich von Zentren entfernt, die Peripherie der Dinge ›überflogen‹. Der Schritt aus der bewußten Anpassung an Bedingungen und Gegebenheiten in den Hintergrund ist vollzogen. Die Erlösung von der Vernunft öffnet den Hintergrund der Dinge. Also: alle Anlagen, die geeignet sind, Vordergründe aufzulösen und sich ihnen zu entziehen, die Hintergründe der Dinge zu erfassen und sich in ihnen zu verwirklichen. Aus Unabhängigkeit vom Allgemeinen ist man unbegriffen und nicht faßbar.

Aszendent

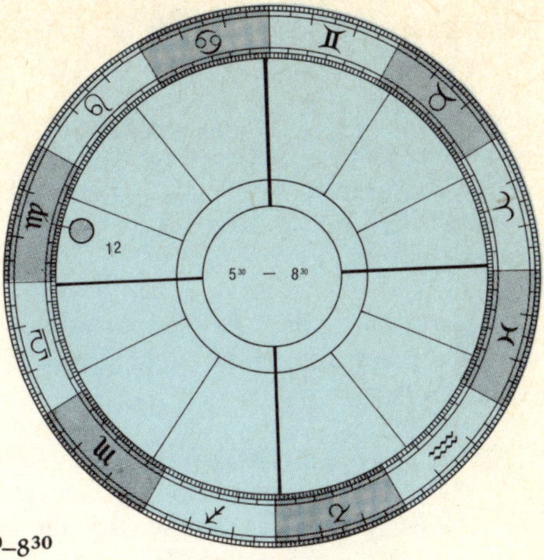

Geburtszeit: etwa 5^{30}–8^{30}
Sonne Haus 12 – anfangs: Aszendent Jungfrau
später: Aszendent Waage

Jungfrau-Sonne Haus 12

Das Jungfrau-Verhalten drängt die Anlagen zur Unabhängigkeit von Vordergründigem, zum Auflösen des Vordergrundes und zum Nachspüren indirekter Zusammenhänge. Also: Auflösung der bewußten Anpassung und Vernunft, Unabhängigkeit vom Allgemeinen, mit Hilfe der Analyse.

Zur Verfügung stehen:

a) Aszendent Jungfrau (siehe auch S. 92): Die Beobachtung der seelischen Abhängigkeit von Lebensbedingungen, deren Aussteuerung (Vorsorge zur Sicherung des Lebens), die man (und durch die man sich) auflöst und somit Hintergründe faßbar, verwertbar und nutzbar macht.

b) Aszendent Waage (siehe auch S. 93): Die ideelle Herausforderbarkeit und Begeisterungsfähigkeit, der Drang nach Außerpersönlichem, zur Begegnung, die man (und durch die man sich) in Auflösung der bewußten Anpassung und Vernunft auslebt und somit Hintergründe faßbar macht.

Wie errechne ich mein Aszendentenzeichen?

Der Aszendent ist dasjenige Tierkreiszeichen, das zum Zeitpunkt der Geburt am Ostpunkt des Horizonts aufsteigt. Die Grundlagen zur Berechnung des Aszendenten sind daher:
a) die Geburtszeit (bezogen auf den Geburtsort)
b) der Geburtsort

Um dem Laien einige Rechenoperationen zu ersparen, wurde die Berechnung mit Hilfe nachfolgender Tabellen vereinfacht. Rechenvorgang.

1. Sie korrigieren mit Hilfe der Tabelle 1 Ihre Geburtszeit, indem Sie den Minutenwert für Ihre Geburtsstadt addieren bzw. subtrahieren (je nach Vorzeichen). Sollten Sie Ihren Geburtsort in der Liste nicht finden, so genügt es, wenn Sie den Wert für die nächstgelegene Stadt verwenden.

2. Die nun ermittelte Geburtszeit suchen Sie in Tabelle 2a–d (Seite 109–112) in der senkrechten Spalte auf. In der waagrechten Leiste finden Sie Ihren Geburtstag. Im Schnittpunkt der sich ergebenden Linien liegt Ihr Aszendentenzeichen.

Sommerzeit
Außerdem ist es wichtig, für die Jahre, in denen die Sommerzeit galt, von der gegebenen Geburtszeit *eine Stunde abzuziehen.* Nachstehend die Daten der *deutschen und österreichischen* Sommerzeit.

Jahr	*Einführungs-datum*	*Ende der Sommerzeit*
1916	30. April	bis 1. Oktober
1917	16. April	bis 17. September
1918	15. April	bis 16. September
1940/42	1. April 1940	bis 2. November 1942
1943	29. März	bis 3. Oktober
1944	3. April	bis 7. Oktober
1945	2. April	bis 16. September
1046	14. April	bis 7. Oktober
1947	6. April	bis 5. Oktober (davon vom 11. Mai bis 29. Juni minus 2 Stunden)
1948	18. April	bis 3. Oktober
1949	10. April	bis 2. Oktober (Ostzone bis 18. November)
1980	6. April	bis 28. September
1981	29. März	bis 27. September
1982	28. März	bis 26. September
1983	27. März	bis 26. September
1984	25. März	bis 30. September
1985	31. März	bis 29. September
1986	30. März	bis 28. September
1987	29. März	bis 27. September
1988	27. März	bis 29. September
1989	26. März	bis 24. September
1990	25. März	bis 30. September
1991	31. März	bis 29. September
1992	29. März	bis 27. September

Tabelle 1

Aachen	−15 min.	Heidelberg	− 5 min.
Augsburg	+ 4 min.	Jena	+ 6 min.
Berlin	+14 min.	Kassel	− 2 min.
Bonn	−11 min.	Kiel	+ 1 min.
Braunschweig	+ 2 min.	Köln	−12 min.
Bremen	− 5 min.	Königsberg	+42 min.
Breslau	+28 min.	Konstanz	− 3 min.
Chemnitz	+12 min.	Leipzig	+10 min.
Danzig	+34 min.	Lübeck	+ 3 min.
Dresden	+15 min.	Magdeburg	+ 7 min.
Düsseldorf	−13 min.	Mainz	− 7 min.
Essen	−12 min.	Mannheim	− 6 min.
Frankfurt/M.	− 5 min.	München	+ 6 min.
Frankfurt/O.	+18 min.	Nürnberg	+ 4 min.
Freiburg i. B.	− 9 min.	Regensburg	+ 8 min.
Halle	+ 8 Min.	Saarbrücken	−12 min.
Hamburg	0 min.	Stuttgart	− 3 min.
Hannover	− 1 min.	Würzburg	0 min.

Tabelle 1a

Wichtige Städte in der Schweiz und in Österreich

Schweiz:		*Österreich:*	
Basel	−10 min.	Bregenz	− 1 min.
Bern	−10 min.	Graz	+22 min.
Brig	− 8 min.	Innsbruck	+ 6 min.
Chur	− 2 min.	Linz	+17 min.
Genf	−16 min.	Salzburg	+12 min.
Lausanne	−14 min.	Wien	+25 min.
Lugano	− 5 min.	Klagenfurt	+12 min.
Luzern	− 7 min.	Villach	+15 min.
Neuenburg	−13 min.		
Schaffhausen	− 6 min.		
St. Gallen	− 3 min.		
Zürich	− 6 min.		

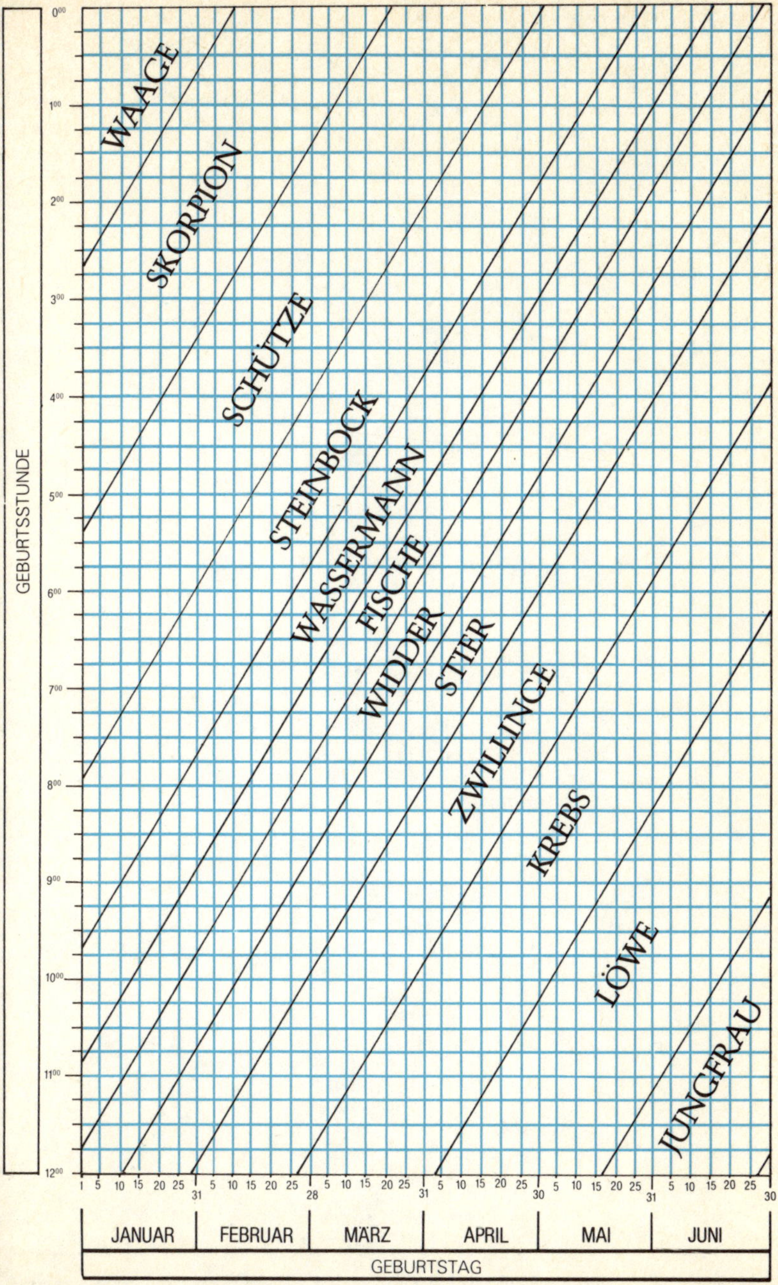
GEBURTSSTUNDE
0⁰⁰
1⁰⁰
2⁰⁰
3⁰⁰
4⁰⁰
5⁰⁰
6⁰⁰
7⁰⁰
8⁰⁰
9⁰⁰
10⁰⁰
11⁰⁰
12⁰⁰
WAAGE
SKORPION
SCHÜTZE
STEINBOCK
WASSERMANN
FISCHE
WIDDER
STIER
ZWILLINGE
KREBS
LÖWE
JUNGFRAU
1 5 10 15 20 25 31 5 10 15 20 25 28 5 10 15 20 25 31 5 10 15 20 25 30 5 10 15 20 25 31 5 10 15 20 25 30
JANUAR
FEBRUAR
MÄRZ
APRIL
MAI
JUNI
GEBURTSTAG

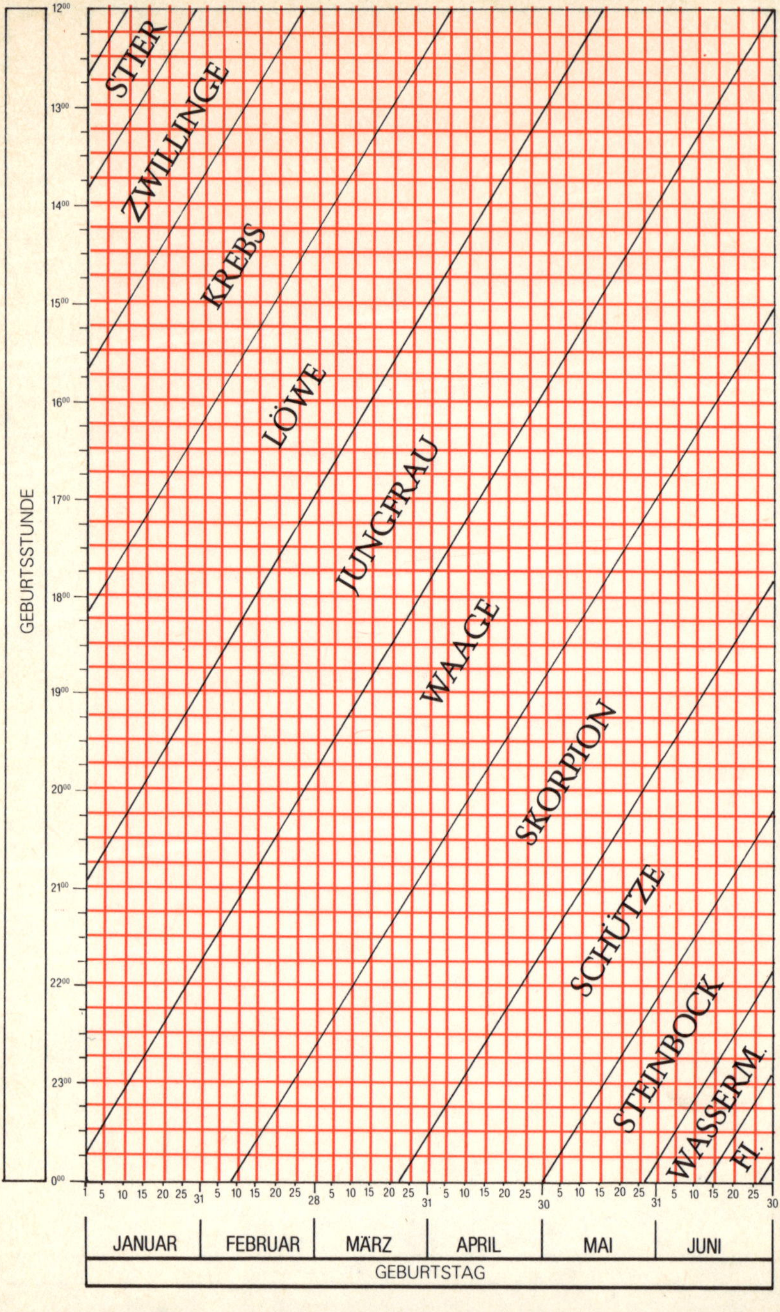
GEBURTSSTUNDE
12⁰⁰
13⁰⁰
14⁰⁰
15⁰⁰
16⁰⁰
17⁰⁰
18⁰⁰
19⁰⁰
20⁰⁰
21⁰⁰
22⁰⁰
23⁰⁰
0⁰⁰
STIER
ZWILLINGE
KREBS
LÖWE
JUNGFRAU
WAAGE
SKORPION
SCHÜTZE
STEINBOCK
WASSERM.
FI.
1 5 10 15 20 25 31 5 10 15 20 25 28 5 10 15 20 25 31 5 10 15 20 25 30 5 10 15 20 25 31 5 10 15 20 25 30
JANUAR
FEBRUAR
MÄRZ
APRIL
MAI
JUNI
GEBURTSTAG